AGENDE

AGENDE

FÜR EVANGELISCH-LUTHERISCHE KIRCHEN
UND GEMEINDEN

BAND III

DIE AMTSHANDLUNGEN

TEIL 5

DIE BESTATTUNG

Herausgegeben von der Kirchenleitung
der Vereinigten Evangelisch-Lutherischen
Kirche Deutschlands

Revidierte Fassung 2025

EVANGELISCHE VERLAGSANSTALT
Leipzig

Band III der Agende für evangelisch-lutherische Kirchen und Gemeinden, Teil 5, Die Bestattung, in der Fassung, die 1996 vom Liturgischen Ausschuss der Vereinigten Evangelisch-Lutherischen Kirche Deutschlands (VELKD) bearbeitet und von der Generalsynode und der Bischofskonferenz beschlossen wurde, redaktionell überarbeitet vom Amtsbereich der VELKD (neue Rechtschreibung und Anpassung der Bibeltexte an die Lutherübersetzung 2017)

Agende für evangelisch-lutherische Kirchen und Gemeinden/
hrsg. von der Kirchenleitung der Vereinigten
Evangelisch-Lutherischen Kirche Deutschlands.
[Neu bearb. vom Liturgischen Ausschuss der
Vereinigten Evangelisch-Lutherischen Kirche Deutschlands (VELKD)
und beschlossen von der Generalsynode
und der Bischofskonferenz].
NE: Vereinigte Evangelisch-Lutherische Kirche Deutschlands/
Liturgischer Ausschuss

Die Deutsche Nationalbibliothek verzeichnet diese Publikation in der Deutschen Nationalbibliographie; detaillierte bibliographische Daten sind im Internet über http://dnb.de abrufbar.

Revidierte Fassung 2025

Das Buch wurde auf alterungsbeständigem Papier gedruckt.

Bei Fragen zur Produktsicherheit wenden Sie sich bitte an info@eva-leipzig.de.

Cover: Anja Haß, Leipzig
Satz: makena plangrafik, Leipzig/Zwenkau
Druck und Binden: BELTZ Grafische Betriebe GmbH, Bad Langensalza

ISBN 978-3-374-07498-3
www.eva-leipzig.de

INHALT

GELEITWORT

ZUR AUSGABE 2025

Seit Jahren ändert sich die Trauer- und Bestattungskultur und damit auch die Praxis der kirchlichen Bestattung. Viele Menschen suchen für ihre Trauer und den Umgang mit dem Tod nach Ausdrucksformen, die sie ansprechen. Die geprägte Sprache und Gestalt der überlieferten liturgischen Formen trösten sie oftmals nicht und schenken keine Kraft zum Umgang mit der urtümlichen Macht des Todes. Für eine grundsätzliche Überarbeitung der Bestattungsagende, die aus dem Jahr 1996 stammt, ist es deshalb höchste Zeit.

Allerdings besteht – trotz aller Veränderungen – eine deutliche Nachfrage nach der mittlerweile vergriffenen Ausgabe.

Darum hat die Kirchenleitung der VELKD im strikten Sinne einer Übergangslösung beschlossen, eine geringfügig revidierte Fassung dieser Ausgabe zu realisieren. Die Bibeltexte wurden an die Lutherübersetzung 2017 angepasst, offensichtliche Druckfehler wurden korrigiert.

Die Arbeit an der Konzeption für eine neue Agende zu Trauer und Bestattung hat begonnen. Sie wird neben traditionellen Elementen vor allem zeitgemäße Entwürfe bieten für eine seelsorglich zugewandte und in den Ausdrucksformen ansprechende Praxis.

Mögen bis zum Erscheinen der grundlegend überarbeiteten Neuausgabe die hier dargebotenen vertrauten Formen helfen, dass in den Gottesdiensten zum Abschied und zur Bestattung viele getröstet und durch die Hoffnung auf Christus gestärkt werden.

„Wir warten aber auf einen neuen Himmel und eine neue Erde nach seiner Verheißung, in denen Gerechtigkeit wohnt.“
(2. Petrusbrief, Kapitel 3, Vers 13)

Hannover, im Advent 2024

Vizepräsident Dr. Stephan Schaede
Leiter des Amtsbereiches

OKR Dr. Johannes Goldenstein
Referent für Gottesdienst und Liturgie

VORWORT
ZUR AUSGABE 1996

„Wir sind allesamt zu dem Tode gefordert, und wird keiner für den anderen sterben, sondern ein jeglicher in eigener Person für sich mit dem Tod kämpfen.“ (Martin Luther, Sonntag Invocavit, 1522, WA 10, III, 1, 15ff.)

Der Tod hat eine das Leben tief verunsichernde Macht. Wenn mein Nächster stirbt, steht auch das eigene Leben auf dem Prüfstand. Es muss sich immer neu bewähren, dass wir angesichts des Todes eine Hoffnung haben.

Die kirchliche Bestattung ist ein Gottesdienst, der den Hinterbliebenen in ihrer Situation der Verunsicherung und des endgültigen Abschieds die Zusage der Nähe Gottes und die Gewissheit der Hoffnung geben soll. Dieser wichtige seelsorgerliche Dienst trifft auf Menschen mit sehr unterschiedlichen Voraussetzungen und Erwartungen: auf solche, die fest im christlichen Glauben verwurzelt sind, andere, die mit unserer Hoffnung angesichts des Todes nicht viel anfangen können, bis hin zu denen, die unsere Kirche innerlich und äußerlich verlassen haben. Auch im Hinblick auf die Verstorbenen haben sich die Pfarrerinnen und Pfarrer auf ganz unterschiedliche Situationen einzulassen: auf das Sterben des alten, lebenssatten Menschen ebenso wie auf den Tod eines Kindes. Gemeinsam ist all diesen Gottesdiensten jedoch, dass der Klage über die Macht des Todes seelsorgerlich einfühlsam Raum gegeben wird, dass das von Gott gegebene und genommene Leben noch einmal in den Blick kommt und dass der gekreuzigte und auferstandene Christus als der verkündigt wird, der dem Tode die Macht genommen hat.

In unserer Zeit wird fast alles nur vom Leben vor dem Tode erwartet. Dadurch kann die tiefe Angst, zu kurz zu kommen, die Gier, alles haben zu müssen, unser Leben bestimmen. Der Gottesdienst der christlichen Gemeinde erinnert bewusst an die andere Wahrheit: Unser Leben bekommt Würde und Gelassenheit durch den Zuspruch einer Geborgenheit in Christus, die auch der Tod nicht zerstören kann. Gott hat das letzte Wort über unser Leben; „weder Tod noch Leben, ... weder Hohes noch Tiefes ... kann uns scheiden von der Liebe Gottes, die in Christus Jesus ist, unserm Herrn" (Römer 8,38 f.).
Die nachfolgenden liturgischen Ordnungen und Texte sollen helfen, mit seelsorgerlicher Sensibilität auf die jeweils einmalige Situation einzugehen. Sie wollen ermutigen, eine geprägte Sprache zu wählen, die der urtümlichen Macht des Todes angemessen entgegenwirkt und haften bleibt. Sie weisen auf unser Vorrecht als Christen hin, an den Gräbern das Wort Gottes zu predigen, „der die Toten lebendig macht und das, was nicht ist, ins Dasein ruft" (Römer 4,17).
Diese Agende begleitet mein Wunsch, dass sie eine wirksame Hilfe für den Dienst der Pfarrerinnen und Pfarrer darstellt und dazu beiträgt, dass viele getröstet und im Glauben gestärkt werden.

Hannover, im Advent 1995

Der Leitende Bischof der Vereinigten
Evangelisch-Lutherischen Kirche Deutschlands

D. Horst Hirschler

ZUM GEBRAUCH DER AGENDE

1. Agenden sollen helfen, der Verkündigung und dem Sakramentsgebrauch, dem Gebet und dem Lobgesang der Gemeinde sinnvolle Gestalt zu geben, und dafür Ordnungen und Texte zur Auswahl anbieten. Die einzelnen Liturgien sollen der Klarheit und Verständlichkeit der Handlungen dienen, die Verbundenheit der Gemeinden fördern, Unsicherheiten abbauen und der Willkür wehren.
2. Jeder einzelnen Liturgie ist eine Übersicht über die Struktur vorangestellt. Die dort genannten Stücke erscheinen in der ausgeführten Liturgie als Zwischenüberschriften.
3. Die Liturgien der Bestattung „Nur am Grab“ und des „Gedenkgottesdienstes“ entsprechen im Wesentlichen anderen, ausgeführten Liturgien. Sie sind deshalb nur in den Übersichten dargestellt; die vorgeschlagenen ausgeführten Liturgien und die geringfügigen Änderungen sind in den Hinweisen zu den Übersichten vermerkt.
4. In den Liturgien werden alle Texte von dem Liturgen oder der Liturgin und ggf. von Lektorinnen oder Lektoren übernommen, sofern nicht durch eine Rubrik (Hinweis zur Handlung) anderes vorgesehen wird.
5. In allen Texten, die gesprochen werden (Aufforderungen, Gebete usw.), ist sowohl die weibliche als auch die männliche Form der Anrede ausgedruckt.
   Alternativen, die dadurch bedingt sind, werden in den Texten durch Kursivdruck und Schrägstrich markiert.

6. Für den Gebrauch der Agende werden zusätzlich folgende Hilfen gegeben:
   a) Alle Texte, die gesprochen werden, sind schwarz gedruckt; die Rubriken erscheinen im roten Druck.
   b) Wo zwei durch einen Denkstrich geteilte Spalten nebeneinander stehen, sind verschieden gestaltete Ordnungen oder Texte zur Wahl gestellt.
   c) Durch einen roten Strich am Rand gekennzeichnete Stücke oder Texte sind fakultativ.
   d) Fakultative Abschnitte innerhalb von Texten sind in eckige Klammern gesetzt.
   e) In runden Klammern stehen erläuternde Hinweise.

ERLÄUTERUNGEN

I. Grundsätzliche Erwägungen zur kirchlichen Bestattung

1. Christen glauben, dass sie nichts von ihrem Herrn Jesus Christus trennen kann, auch nicht der Tod. Sie wissen zugleich, dass der Tod die tiefste Anfechtung ihres Glaubens ist. Deshalb brauchen Menschen, die von einem Todesfall in ihrer Mitte betroffen sind, den Beistand der Gemeinde.

„Die Gemeinde geleitet ihre Toten durch gottesdienstliche Handlungen und befiehlt sie in Gebet und Segen der Gnade ihres Herrn. Sie verkündigt den Hinterbliebenen, was das Evangelium über Leben und Tod, über Zeit und Ewigkeit sagt." (Evangelischer Erwachsenenkatechismus, S. 1344)

2. Wenn die Gemeinde ihre Toten zur letzten irdischen *Stätte* geleitet, das heißt „sie *bestattet"*, ist das ein Ausdruck der Liebe – zu den Hinterbliebenen, aber auch zu den Toten. Die kirchliche Tradition hat Tobias 1,20 aufgenommen und das Begraben der Toten zu den „Werken der Barmherzigkeit" (nach Matthäus 25,31–46) hinzugefügt.

3. Wie das Begraben gestaltet werden soll, wird in der Bibel nicht ausgeführt. Deshalb sind die Bestattungsriten der Kirche durch eine Vielzahl kultureller Einflüsse geprägt und immer wieder verändert worden. Regionale Unterschiede und lokale Besonderheiten sind bis heute die Folge. Wesentlich bestimmt wird die christliche Bestattung zu jeder Zeit und überall von der Liebe, die sich um Christi Willen den Toten widmet und den Leidtragenden zuwendet.

4. Die Kirche bezeugt, dass Leben und Sterben eines jeden Menschen unter dem Gericht Gottes über die Sünde stehen. Das macht den tiefen Ernst eines Begräbnisses aus. Davon muss auch die Rede sein. Sowohl die liturgischen Texte als auch die Predigt dürfen diesen Ernst weder verschleiern noch verharmlosen. Um so deutlicher kann dann von der Hoffnung gesprochen werden, indem die Auferweckung Jesu Christi als Grund der Auferstehung der Toten und seine Wiederkehr zu Gericht und Vollendung seiner Gemeinde verkündigt werden.

5. *Jeder Gottesdienst zur Bestattung ist ein besonderer Gottesdienst.* Er ist zu gestalten im Hinblick auf das zu Ende gegangene Leben des verstorbenen Gemeindegliedes und im Hinblick auf die hinterbliebenen Angehörigen. In den Städten versammeln sich zu diesem Gottesdienst (zumeist in der Feierhalle) oft nur noch Angehörige und Freunde. Auf Dörfern beteiligen sich häufiger auch weitere Gemeindeglieder. Das hat jeweils Auswirkungen auf die Gestalt der Liturgie und die Auswahl der Texte. Schließlich werden Menschen am Gottesdienst zur Bestattung teilnehmen, für die der Glaubensbeistand oder die Gottesdienstgemeinschaft kein vorrangiges Motiv darstellen, sondern die um der Nachbarschaft willen oder aufgrund von Freundschaft, Arbeitsgemeinschaft, Geschäftsbeziehungen u.a.m. kommen. Darunter können Glieder anderer Kirchen sein oder solche, die überhaupt keiner Kirche angehören und so gut wie keine Vorstellungen von dem haben, was in einem Gottesdienst zur Bestattung geschehen wird.

Jeder Gottesdienst zur Bestattung ist zugleich ein Gemeindegottesdienst. Er ist so zu gestalten, dass der Zusammenhang der Ausnahmesituation mit den Gottesdiensten der Gemeinde deutlich erfahren wird. Wie in allen Gemeindegottesdiensten ist auch hier von zentraler Bedeutung, dass Gott selbst in seinem Wort (und Sakrament) handelt und dass er in Gebet und Lobpreis angerufen wird. Der Bestattungsgottesdienst ist deshalb nicht nur eine Feier der betroffenen Hinterbliebenen, sondern er betrifft die gesamte Gemeinde. Das kommt auch in der Fürbitte für die Toten und die Trauernden im Gemeindegottesdienst zum Ausdruck.

6. Weil das zu Ende gegangene Leben gerade dieser oder dieses Toten einmalig war und die seelsorgerliche Begleitung gerade dieser hinterbliebenen Angehörigen jeweils eine spezielle Herausforderung bedeutet und nicht verallgemeinert werden kann, stellt für die Betroffenen, für die versammelte Gemeinde, aber auch für die Pfarrerin oder den Pfarrer der Ritus eine wichtige Hilfe dar. Er bedient sich elementarer Gesten, Handlungen und Worte, die in weniger bewusste oder unbewusste Tiefenschichten des Menschen reichen und an die angeknüpft werden kann. Darauf soll bei der Ausgestaltung der Liturgie Rücksicht genommen werden. Was im Vollzug der Handlung wiederholbar und darum auch vergleichbar ist, gibt denen, die der Todesfall aus der Bahn geworfen hat, ein Gefühl des Haltes und der Geborgenheit. Sie können den Gottesdienst nachvollziehen; vertraute Texte helfen ihnen dabei in der sonst noch fremden Situation.

II. Zum kirchlichen Handeln bei der Bestattung

1. Die Bestattung ist ein Dienst, den die christliche Gemeinde ihren Gliedern erweist. Er gilt allen, *die getauft sind* und bis an ihr Lebensende der Gemeinde angehört haben. Die christliche Bestattung bekommt u.a. ihren Sinn daher, dass an die Taufe des verstorbenen Gemeindegliedes erinnert werden kann, denn die Taufe

begründet die Hoffnung auf die Auferstehung in die Herrlichkeit Gottes.

Kinder christlicher Eltern, die noch nicht getauft sind, können gleichwohl mit einem Gottesdienst zur Bestattung begraben werden. Einzelheiten hierzu sind in der Regel gliedkirchlich geordnet. Dabei ist die seelsorgerliche Entscheidung des Pfarrers oder der Pfarrerin vor allem maßgeblich. Nach Möglichkeit sollte der Wunsch der Eltern und Angehörigen berücksichtigt werden.

Die Bestattung totgeborener Kinder ist gesetzlich angeordnet. Die Mitwirkung der Kirche geschieht vor allem durch die Begleitung der Mutter und des Vaters zum Grab und den seelsorgerlichen Beistand in dieser Situation. Die Handlung am Grab ist weniger eine vollständig ausgeführte Liturgie, sondern vielmehr der elementare Ritus des Begrabens.

Dazu wird auf die Handreichung „Gute Hoffnung – jähes Ende" (hrsg. vom Lutherischen Kirchenamt, Hannover) verwiesen. In den Gemeinden sollte immer wieder bekanntgemacht werden, dass die Kirche ihren Dienst auch diesen betroffenen Familien widmet.

2. *Zuständig* für die kirchliche Bestattung ist das Pfarramt der Kirchengemeinde, zu der die oder der Verstorbene gehört hat. Soll die Bestattung von einer Pfarrerin oder einem Pfarrer einer anderen Gemeinde gehalten werden, ist ein Dimissoriale des zuständigen Pfarramtes erforderlich.

Die *Bestattung von Mitgliedern anderer christlicher Kirchen* richtet sich nach landeskirchlicher Regelung, ggf. nach Verabredungen unter den Kirchen und nach seelsorgerlicher Entscheidung. Eine Verständigung mit den jeweils zuständigen Gemeindeleitern ist nach Möglichkeit herbeizuführen.

Die kirchliche Bestattung wird in das Sterberegister der Kirchengemeinde eingetragen, in der sie stattgefunden hat. Das zuständige Pfarramt ist zu benachrichtigen.

3. *Aus der Kirche Ausgetretene werden grundsätzlich nicht kirchlich bestattet.* Ein Gemeindeglied, das aus der Kirche austritt, gibt damit in der Regel auch zu erkennen, dass es für sich kirchliche Handlungen nicht wünscht und der Beteiligung einer Pfarrerin oder eines Pfarrers z.B. an seiner Bestattung ablehnend gegenübersteht. Wenn dieser Wille artikuliert ist, muss er von der Gemeinde respektiert werden. Vonseiten der Kirche sollte auf diese Folgen eines Kirchenaustritts in persönlichen Gesprächen wie auch in der Öffentlichkeit grundsätzlich hingewiesen werden.

Dennoch wird gelegentlich von Angehörigen, die Gemeindeglieder sind, der Wunsch nach einem christlichen Begräbnis ihrer oder ihres nicht oder nicht mehr der Kirche angehörenden Verstorbenen geäußert. Ob in einem Ausnahmefall diesem Wunsch entsprochen werden kann, ist in seelsorgerlicher Verantwortung durch die zuständige Pfarrerin oder den zuständigen Pfarrer sehr sorgfältig zu prüfen und zu entscheiden.

Folgende Gesichtspunkte sollten dazu u. a. berücksichtigt werden:

– Das Verhalten der oder des Verstorbenen zur Kirche und Gemeinde sollte so gewesen sein, dass eine kirchliche Handlung den Betroffenen und der Gemeinde gegenüber verantwortet werden kann.

– Es muss möglich sein, während des Bestattungsgottesdienstes aufrichtig im Blick auf die Verstorbenen und ihr Verhältnis zur Kirche zu sprechen und zu handeln.

Wie in solchen schwierigen Fällen verfahren werden kann, soll grundsätzlich mit dem Kirchenvorstand und im Kirchenkreis abgestimmt werden. Im Einzelfall ist die Beratung mit den erreichbaren Mitgliedern des Kirchenvorstandes und der Dekanin/dem Dekan, der Pröpstin/dem Propst oder der Superintendentin/dem Superintendenten zu suchen.

Entscheidet die Pfarrerin oder der Pfarrer ausnahmsweise zugunsten einer kirchlichen Handlung, dann wird ein GOTTESDIENST ZUR BESTATTUNG (ggf. Gottesdienst VI oder auch III, in der Kirche/Kapelle) gehalten. Bei der Gestaltung ist die besondere Situation angemessen zu berücksichtigen.

Muss entgegen dem Wunsch von Angehörigen die kirchliche Bestattung *versagt* werden, sollte den Angehörigen die Begründung in einem seelsorgerlichen Gespräch mitgeteilt werden. Dabei sind sie nach gliedkirchlicher Ordnung auf die Möglichkeit des Einspruchs bei der Dekanin/dem Dekan, der Pröpstin/dem Propst, der Superintendentin/dem Superintendenten hinzuweisen.

Wenn ein GOTTESDIENST ZUR BESTATTUNG versagt werden muss, sollten die Hinterbliebenen seelsorgerlich begleitet werden, sofern sie dies annehmen. Dazu kann auch eine ANDACHT, z.B. in der Wohnung, gehören.

4. Eine kirchliche Bestattung ist nicht möglich, wenn die Angehörigen von der Pfarrerin oder von dem Pfarrer beharrlich verlangen, dass der Inhalt der christlichen Verkündigung aus einem gegebenen Anlass verkürzt oder verzerrt werden soll, und in einem Gespräch keine Einigung erzielt werden kann.

5. Eine *Selbsttötung* ist kein Grund, den Gottesdienst zur Bestattung zu versagen. Die Verkündigung muss darauf Rücksicht neh-

men, dass die Selbsttötung viele und vielschichtige Ursachen haben kann. Danach richtet sich der Charakter des Gottesdienstes und der ausgewählten Texte.

6. Anknüpfend an biblische Vorbilder ist die *Erdbestattung* seit dem 2. Jahrhundert die allgemein übliche christliche Bestattungsform. Neben Erdbestattungen sind heute *Einäscherungen* mit der *Beisetzung der Urne* auf dem Friedhof verbreitet; gelegentlich – und zumeist regional bedingt – wird die Urne auf See beigesetzt (sogen. *Seebestattung).* Da diese Bestattungsformen im Allgemeinen nicht gegen den Glauben gerichtet sind, können in ihrem Zusammenhang Gottesdienste begangen werden.

Christen bekennen, dass Gott sie bei ihrem Namen gerufen hat. Deshalb soll eine kirchliche Bestattung immer mit der Nennung des Namens der Toten verbunden sein. Damit wird ein Zeichen für die je eigene Würde eines Menschen und für die in Christus fortgeführte Gemeinschaft aller Christen gesetzt. Dies soll in den Gemeinden immer wieder grundsätzlich bedacht werden, um entgegengerichteten Entwicklungen zur Anonymität in der Bestattungspraxis wirksam begegnen zu können.

7. Kirchliche Bestattungen sind in besonderer Weise durch örtliche oder regionale Bräuche mitbestimmt. Solches Brauchtum kann die Verkündigung durch Handlungen und Zeichen wirksam unterstützen. Es kann helfen, wichtige Glaubenserfahrungen zu vermitteln. Es kann sich jedoch auch so entwickeln, dass es den Inhalt der Verkündigung unzulässig verdunkelt oder ihm widerspricht. Deshalb besteht eine bleibende Aufgabe darin, das Brauchtum nach dem Maßstab des Evangeliums – gemeinsam mit der Gemeinde und im Kirchenkreis/Konvent – zu prüfen und – wenn nötig – zu ändern.

III. Hinweise zur Gestaltung der Gottesdienste zur Bestattung

1. *Für den Gottesdienst als ganzen ist die Pfarrerin oder der Pfarrer verantwortlich.* Daher liegt bei ihnen die Entscheidung, welche Nachrufe und Zeremonien, welche Lieder und Gesänge und welche Musik in diesem Gottesdienst vorkommen können. Die Zuständigkeit derjenigen, die für die Kirchenmusik verantwortlich sind, ist zu achten; die Entscheidungen sollen im Zusammenwirken und Einvernehmen mit ihnen gefällt werden. Vielfach schlagen Angehörige musikalische Darbietungen vor, die im Zusammenhang mit dem Leben der Verstorbenen von Bedeutung sind. Die Entscheidung darüber hängt davon ab, ob solche Stücke mit dem gottesdienstlichen Charakter der Bestattungsfeier vereinbar sind. Allerdings empfiehlt es sich, dabei so zu verfahren, dass die Kriterien verständnisvoll und großherzig angewandt werden.

Der Gottesdienst zur Bestattung ist ein *Gemeindegottesdienst aus besonderem Anlass.* Wie bei der Gestaltung des Sonntagsgottesdienstes sollte darauf geachtet werden, dass sich Gemeindeglieder und auch Angehörige mit der Übernahme von Diensten beteiligen können. Dafür bietet die Mitwirkung eines Chores, einer Instrumentalgruppe sowie von Lektorinnen und Lektoren (für Lesungen und Gebete) gute Möglichkeiten.

2. *Nachrufe* sind kein liturgisches Element. Sie sollten daher ihren Platz außerhalb der Liturgie, d.h. nach dem Schlusssegen haben. Folgt dem Gottesdienst keine Grablegung oder legen es die Bedingungen auf dem Friedhof nahe, können Nachrufe in der Kirche/ Kapelle gehalten werden. Auch dann haben sie ihren Ort nach dem Abschluss dieses liturgischen Teils (ggf. vor dem Geleitwort).

3. *Das gemeinsame Singen* ist ein Kennzeichen des christlichen Gottesdienstes. Es vereint die Gemeinde in Bitte, Klage und Lob vor Gott. Leib, Seele und Geist äußern sich beim Singen umfassender als beim Sprechen. In den Liedern kommt zum Ausdruck, dass alle, die sich zu diesem Gottesdienst versammelt haben, die Tote oder den Toten gemeinsam begraben. Deshalb ist es eine gute Tradition, dass bei der christlichen Bestattung gemeinsam gesungen wird. Zur Pflege dieser Tradition gehört, dass in Gemeindeveranstaltungen von Zeit zu Zeit der Sinn des gemeinsamen Singens bei solchen Anlässen deutlich gemacht wird.

4. Bei der Bestattung werden die oder der Verstorbene *namentlich* der Barmherzigkeit Gottes anvertraut. Damit wird Bezug auf die Taufe genommen. Der volle bei der Taufe genannte Name und der Familienname werden in der Bestattungsformel ausgesprochen. Name und Rufname werden außerdem an den Stellen genannt, die mit _____NAME_____ bezeichnet sind. Gegebenenfalls wird zum Namen hinzugefügt „Bruder (oder Schwester) in Christus“.

Titel, auch Doktortitel, sowie Dienstbezeichnungen werden in der Liturgie fortgelassen. Über den Umgang mit Künstlernamen entscheidet der Pfarrer bzw. die Pfarrerin im Einzelfall.

5. Der besondere Bezug auf die Toten kann beim Gottesdienst zur Bestattung an verschiedenen Stellen zum Ausdruck kommen:
- In der *Einleitung* ist es ratsam, ausführlicher zur Person zu sprechen, wenn die oder der Tote nicht allen Beteiligten ausreichend bekannt war. Die Verlesung eines vollständigen Lebenslaufes ist an dieser Stelle weniger geeignet.
- Grundsätzlich sollte, was vom Leben der Verstorbenen zu sagen ist, in die *Predigt* aufgenommen werden. Sie ist der Ort, dieses Leben als die einmalige Geschichte Gottes mit diesem

Menschen zu bezeugen und zu deuten; sie hat ihre Aufgabe darin, dieses Leben in den Horizont der Schöpfung, der Erlösung und der Vollendung zu stellen.

– Wo es Brauch ist, einen *Lebenslauf* zu verlesen, sollte dies vor der Predigt geschehen. Der Lebenslauf kann auch von Angehörigen oder einem Mitglied des Kirchenvorstandes verlesen werden. Die Predigt wird auf jeden Fall darauf Bezug nehmen müssen. Im Mittelpunkt der Predigt steht jedoch das Christuszeugnis.

  Häufig haben die Angehörigen jedoch bestimmte Erwartungen an die Predigt: Sie soll das letzte Wort über die Toten sein. Das zu Ende gegangene Leben soll im Namen Gottes positiv beurteilt werden, Negatives möglichst nicht vorkommen. Diese Erwartungen können nicht völlig unberücksichtigt bleiben, aber die Predigerin oder der Prediger wird sie angemessen begrenzen. Das ist bereits eine unerlässliche Aufgabe für das seelsorgerliche Gespräch mit den Angehörigen vor dem Gottesdienst.

  Wenn – besonders bei bekannten Persönlichkeiten des öffentlichen Lebens und der Kirche – Nachrufe zu erwarten sind, sollte die Predigt bereits vorab die Spannung berücksichtigen, die ein Menschenleben zwischen Höhen und Tiefen, Erfolgen und Versagen, Liebe und Schuld ausmacht.

– Das *fürbittende* Gebet für die Toten ist in der über den Tod hinausreichenden Gemeinschaft mit Christus begründet. Die betende Gemeinde hält sich an die Verheißung der Gnade; sie stimmt mit ihrem Beten in den Heilswillen Gottes ein: Das Gebet nimmt die Hoffnung auf die Auferweckung und Vollendung auf. Die Gemeinde vertraut sich selbst in der Zeit der

Trauer – wie überhaupt in ihrem Leben und im Sterben – der Barmherzigkeit des Herrn an.
Es ist guter christlicher Brauch, besonders für diejenigen in der Gemeinde zu beten, denen als nächsten der Tod bevorsteht. Wenn dieses Gebet heute oft als zu hart angesehen wird, sollte darauf nicht mit dem Verzicht geantwortet werden, sondern mit dem Bemühen um die Wiedergewinnung des geistlichen Umgangs mit dem Sterben.

– Die *Bestattungshandlung am Grab* kann symbolisch eine Beziehung zur Taufe herstellen. Wie bei der Taufe wird der Name der Toten genannt; der dreimalige Erdwurf geschieht mit Blick auf das einst dreimalige Begießen mit Wasser. Mit ihrem Erdwurf beteiligen sich alle anwesenden Gemeindeglieder am gemeinsamen Begraben ihrer verstorbenen Brüder und Schwestern.
Durch die Varianten in der Bestattungsformel kann deutlicher auf die Frömmigkeit der Toten oder auch der gerade versammelten Gemeinde eingegangen werden. Andere persönliche Konkretionen haben an dieser Stelle keinen Platz.

– Das *Schlussgebet* bezieht sich nicht mehr auf die nun Begrabenen, sondern bringt die Gewissheit der Gemeinde zum Ausdruck, dass das Ziel der Glaubenden das ewige Leben ist.

6. Die *Segnung* einer oder eines Verstorbenen hat in manchen Regionen eine lange Tradition. Deshalb wird die Segnung der Toten in dieser Agende vor allem im Zusammenhang der seelsorgerlichen Begleitung von Sterbenden vorgesehen: in der AUSSEGNUNG. Wo die AUSSEGNUNG mit dem Valetsegen ungebrochenes Brauchtum ist, sollte sie sorgfältig bewahrt werden. In den anderen Regionen könnte versucht werden, sie neu zu gewinnen. Die

AUSSEGNUNG markiert an einer entscheidenden Station die Bedeutung des Glaubens an den lebendigen und lebenschaffenden Gott in der Gemeinschaft der Kirche; sie ist als Ritual für die betroffenen Angehörigen, aber auch für die Seelsorgerin oder den Seelsorger eine große Hilfe.

Die *Segnung* der Toten *nach der Grablegung* ist in einigen Regionen Brauch. Die Agende will diese Praxis ebenso berücksichtigen wie auch Bedenken, die dagegen geltend gemacht werden können. Sie sieht sie – im Sinn einer intensiven Form des fürbittenden Gedenkens – als eine Variante vor, deren Gebrauch von der gliedkirchlichen Ordnung abhängt. Die Segensformel ist in der Fußnote abgedruckt.

7. In der Regel wird die Grablegung bei einer Erdbestattung durch eine *Prozession* eingeleitet. Wenn der Gottesdienst zur Bestattung bereits in der Kirche oder Kapelle gefeiert worden ist, beginnt die Prozession mit einem Geleitwort; alternativ dazu kann der Gesang „Zum Paradies mögen dich geleiten" („In paradisum", aus dem Requiem) angestimmt oder gesprochen werden.

Auch wo der Gottesdienst mit der Handlung am Grab beginnt oder nur am Grab stattfindet, sollte von der Aufbahrungsstätte (Leichenhalle oder auch Haus der Verstorbenen) eine Prozession zum Grab vorgesehen werden. In diesem Fall empfiehlt es sich, mit der Liturgie ABHOLUNG zu beginnen. Während der Prozession können Choräle gesungen werden oder instrumental (durch Posaunen o. ä.) erklingen.

Ein Kreuzträger mit Vortragekreuz kann dem Sarg vorausgehen; das Kreuz wird dann am Kopfende des Grabes aufgestellt. Ob die Pfarrerin oder der Pfarrer dem Sarg ebenfalls vorausgeht oder ihm folgt, richtet sich nach der örtlichen Sitte.

8. Findet der Gottesdienst in der Kirche statt, sollte nach Möglichkeit die *Osterkerze* brennen. Sie ist ein aussagekräftiges und vertrautes Symbol für die Gegenwart des Auferstandenen. Sie dient zugleich dem Gedächtnis der Taufe.

9. Nach dem abschließenden Segen bleibt die Pfarrerin oder der Pfarrer bei den Angehörigen am Grab oder am Ausgang der Kirche stehen, bis die letzten aus der Trauergemeinde Abschied genommen haben. Im Einzelfall kann es auch angebracht sein, sich unmittelbar nach dem Schluss der Liturgie von den Angehörigen zu verabschieden und dem Freundeskreis den weiteren Beistand zu überlassen.

Werden Nachrufe gehalten, empfiehlt es sich, dabei anwesend zu bleiben und – falls erforderlich – darauf ein „letztes Wort" in christlicher Verantwortung zu sagen.

Wenn nicht schon vor dem Segen alle einladend auf die ABKÜNDIGUNG UND FÜRBITTE im nächsten Gottesdienst hingewiesen worden sind, sollten die Angehörigen bei der Verabschiedung persönlich dazu eingeladen werden.

10. Für die Gestaltung der gottesdienstlichen Räume, für die liturgische Kleidung und das liturgische Verhalten gelten die allgemeinen Regeln für den Gottesdienst sowie die gliedkirchlichen Ordnungen.

IV. Die liturgischen Ordnungen

Diese Agende geht aus von einer gemeinsamen Grundstruktur der liturgischen Ordnungen und berücksichtigt, dass die vorgesehene Reihenfolge in der Bestattung und der Ort des Gottesdienstes Auswirkungen auf die liturgische Gestalt haben. Deshalb sind in dieser

Agende sechs Liturgien für mögliche Gottesdienste zur Bestattung abgedruckt. Wo in einer speziellen Situation im Wesentlichen einer der ausgeführten Liturgien gefolgt werden kann, ist unter Hinweis auf diese Liturgie nur eine Übersicht abgedruckt (Gottesdienste II und VI).

a) Aussegnung

Die Aussegnung gehört zur Begleitung eines sterbenden Menschen und stellt deren Abschluss dar. Sie gehört ebenso bereits zum Gottesdienst zur Bestattung. Daran wird deutlich, dass es ein Weg mit einer ganzen Reihe von Stationen ist, auf dem die christliche Gemeinde im Sterbefall ihre Glieder begleitet. Die Aussegnung soll möglichst bald nach dem Eintritt des Todes vorgenommen werden. Häufig geschieht dies, bevor die oder der Verstorbene in die Leichenhalle gebracht werden soll. Zur Aussegnung wird ein Kreuz aufgestellt und werden Kerzen entzündet. Zwischen den einzelnen Stücken sollte immer wieder eine Zeit der Stille und Besinnung eingehalten werden.

Die Aussegnung kann von der Pfarrerin oder dem Pfarrer, aber ebenso von anderen Gemeindegliedern wie Angehörigen, Nachbarn und Freunden vorgenommen werden.

Die Liturgie kann – unter Auslassung des Valetsegens – auch für eine Andacht in der Familie gebraucht werden, wenn der Leichnam bereits aus dem Haus gebracht wurde oder wenn der Tod an einem anderen Ort eingetreten ist.

b) Abholung

Die Abholung gehört ebenfalls zum Dienst im Sterbe- und Trauerhaus. Sie kann zu Recht unterschiedlichen Anlässen erfolgen:

- wenn der Sarg vom Trauerhaus zum Friedhof gebracht werden soll,
- wenn der Sarg bei einer Bestattung Nur am Grab zum Grab geleitet werden soll,
- wenn die Angehörigen vom Trauerhaus abgeholt werden sollen,
- vor dem gemeinsamen Gang zur Urnenstätte.

Sie findet statt, wo sie Tradition ist oder wenn sie die Angehörigen wünschen. Die Abholung kann von jedem Gemeindeglied gehalten werden.

Mit der Abholung wird in der Regel eine Prozession eingeleitet. Wenn möglich sollte dann ein Kreuz vorangetragen werden.

c) Gottesdienst zur Bestattung I:
Zuerst in der Kapelle / Kirche, fortgesetzt am Grab

Dieser Gottesdienst beginnt zumeist in einer Friedhofskapelle. Ist der Friedhof um die Kirche herum oder in unmittelbarer Nähe zu ihr angelegt, wird sich die Trauergemeinde auch in der Kirche versammeln. Zur Aufbahrung von Toten im Kirchenraum gelten gliedkirchliche Regelungen.

Für die Formulierung der *Einleitung* ist die jeweils besondere Situation maßgeblich. Sie sollte neben Hinweisen auf die Verstorbenen Aussagen über den Glauben enthalten, in dem wir vor Gott getreten sind. Es kann auch angemessen sein, nur mit einem biblischen Votum zu beginnen.

Der *Psalm* zu Beginn des Gottesdienstes ist Gebet und Lesung zugleich. Seine Sprache und Bilder ermöglichen es oft, die Sprachlosigkeit in der ersten Trauer zu überwinden und dem eigenen Empfinden Ausdruck zu geben. Die Auswahl richtet sich danach, welcher Akzent besonders betont werden soll: Trost, Vertrauen, Klage, Buße. Nach Möglichkeit sollte die Gemeinde den Psalm gemeinsam beten; das Evangelische Gesangbuch bietet dafür eine Reihe von Texten an.

Im Einzelfall kann anstelle des Psalms auch ein Eingangsgebet gesprochen werden.

Der *Abschied* nach dem Predigtlied ist in manchen Gegenden gebräuchlich. Das *stille Gedenken* kann nur alternativ in diesem Abschied oder im Gebet nach der Predigt vorgesehen werden.

Die vorgeschlagenen *Gebete* sollen zu eigenen Formulierungen anregen und ein Beispiel dafür geben. Ob sie im Wortlaut verwendet werden können, müsste jeweils geprüft werden. Es ist ratsam, auch frei formulierte Gebete vor dem Gottesdienst sorgfältig vorzubereiten.

Bei der *Bestattung* ist es wichtig, dass der Sarg im Zusammenhang der gottesdienstlichen Feier auch ins Grab gesenkt wird. Diese Handlung macht überhaupt die Bestattung aus. Dem Trend, den Sarg über der Grabstätte stehenzulassen, bis die Gemeinde und die Angehörigen den Friedhof verlassen haben, sollte angemessen und doch eindeutig begegnet werden.

Zum Erdwurf werden alternativ zwei Texte angeboten: neben der elementaren allgemeinen Formel ein Text aus 1. Korinther 15,42–44; ebenso werden zwei Varianten für den Abschluss der *Bestattungsformel* vorgesehen. Die Auswahl sollte in einer Gemeinde nicht zu häufig wechseln. Die Pfarrerin oder der Pfarrer hat so jedoch die Möglichkeit, deutlicher auf die Taufe und den erkennbar gelebten Glauben der Verstorbenen einzugehen.

Es entspricht der Situation am Grab, für die *Lesung* nur noch kurze Texte (biblische Voten) vorzusehen, die die Auferstehungshoffnung zum Inhalt haben.

d) Gottesdienst zur Bestattung II:
Nur am Grab

Dieser Gottesdienst wird in der Regel mit einer Abholung des Sarges von der Aufbahrungsstätte und einer Prozession zum Grab begonnen. Der Verlauf kann dem GOTTESDIENST I folgen; nur das Geleitwort entfällt. Deshalb ist die Liturgie nicht extra ausgedruckt; der Ablauf wird durch die Übersicht verdeutlicht.
Der Sarg wird zu Beginn des Gottesdienstes ins Grab gesenkt.

e) Gottesdienst zur Bestattung III:
Zuerst am Grab, fortgesetzt in der Kirche

Diese Liturgie ist besonders geeignet, wenn der Gottesdienst in der Kirche gehalten werden soll, die Aufbahrung dort aber nicht möglich ist. Zur Hinführung auf die zuerst stattfindende Handlung am Grab ist wiederum die ABHOLUNG sinnvoll.

Die *Einleitung* hat ihren Platz am Grab. Der *Psalm* wird entweder bei der ABHOLUNG oder nach der Einleitung gebetet.

Bei größeren Teilnehmerzahlen kann nach der Bestattungsformel ein Hinweis gegeben werden, dass nur der Erdwurf durch die nächsten Angehörigen vorgesehen ist. Wenn alle Anwesenden an dieser Stelle den Erdwurf vollziehen, besteht möglicherweise die Gefahr, dass viele von ihnen nicht mehr bleiben, bis der Gottesdienst in der Kirche/Kapelle fortgeführt wird. Wie im Einzelfall verfahren werden soll, müsste im Gespräch vor der Bestattungsfeier mit den Angehörigen abgestimmt werden.

Nach dem Abschluss der Handlung am Grab geht die Trauergemeinde gemeinsam zur Kirche/Kapelle. Die Prozession wird durch das Geleitwort eingeleitet.

Findet der Gottesdienst in der Kirche statt, kann die *Feier des heiligen Abendmahls* einbezogen werden. Diese Agende bietet dafür eine Liturgie und Texte zur Auswahl an; verwiesen wird dazu auch auf die Agende für den Hauptgottesdienst.

f) Gottesdienst zur Bestattung IV: Bestattung eines Kindes

Die Bestattung eines Kindes gehört zu den schwierigsten Gottesdiensten für eine Pfarrerin oder einen Pfarrer. Die Liturgie bietet keine andere Ordnung. Sie soll vielmehr in dieser Situation die spezifischen Texte in einem Ablauf zur Verfügung stellen.

Besonderer seelsorgerlicher Überlegungen bedarf die Formulierung der *Einleitung*. Die vorgeschlagenen Texte sind nur als Muster zu verstehen; sie sollten nicht unverändert übernommen werden. Deshalb sind die Texte in [ ] gesetzt.

Bei der *Namensnennung* des verstorbenen Kindes wird der Vorname genannt. Das wirkt weniger distanziert als die Nennung aller Namen.

Für die Bestattungsformel wird nur ein Text vorgeschlagen; der Abschluss nimmt besonders Bezug auf das Kind.

Bei der Bestattung eines totgeborenen Kindes kann auch nach dieser liturgischen Ordnung verfahren werden. Dann müsste jedoch besonders auf die Auswahl der Texte geachtet werden, um der Besonderheit dieser Situation zu entsprechen.

g) Gottesdienst zur Bestattung V: Bei einer Einäscherung

Der Verlauf des *Gottesdienstes vor einer Einäscherung* richtet sich im Wesentlichen nach dem GOTTESDIENST I. Der Gottesdienst sollte vorzugsweise in der Kirche oder in der Kapelle auf dem Friedhof begangen werden. Die hier vorgesehene liturgische Ordnung kann auch gebraucht werden, wenn die Feier in einer Feierhalle im Krematorium stattfinden soll. Wird der Gottesdienst erst nach der Einäscherung vorgesehen, bietet sich an, grundsätzlich nach den Liturgien I oder II zu verfahren.

Auf den *Abschied* nach der Predigt wird verzichtet. Dafür wird nach dem Vaterunser ein *Abschiedswort* eingefügt, das der Bestattungsformel bei der Erdbestattung situationsgemäß entspricht. Die Bestattungsformel selbst ist für die Urnenbeisetzung vorgesehen.

Im Krematorium wird nach dem Abschiedswort in der Regel der Sarg den Blicken entzogen. Dies richtet sich nach örtlichem Brauch und den jeweiligen technischen Gegebenheiten. Der Gottesdienst wird mit einem biblischen Votum und dem Segen abgeschlossen.

Findet der Gottesdienst in der Kirche oder Kapelle statt, wird der Sarg nach dem Segen zur Überführung ins Krematorium gebracht;

am Fahrzeug können ein Psalm oder ein kurzes Gebet sowie ein biblisches Votum gesprochen werden.

Im Zusammenhang damit steht die *Urnenbeisetzung.* Sie kann auch von Angehörigen oder anderen Gemeindegliedern übernommen werden. Bei der Urnenbeisetzung empfiehlt es sich, auf den Gottesdienst und den Predigttext Bezug zu nehmen.

Da die Urnen oft vor der Beisetzung zunächst in der Friedhofshalle aufgebahrt sind, ist es hilfreich, dort mit der ABHOLUNG zu beginnen. Dann schließt sich ein gemeinsamer Gang zur Urnenstätte an. Die Bestattung der Urne wird mit einem Erdwurf verbunden. In einer kleineren Gruppe vollziehen diesen Erdwurf alle, bevor die Bestattungshandlung abgeschlossen und die Urnenbeisetzung mit einer biblischen Lesung fortgeführt wird.

h) Gottesdienst zur Bestattung VI: Gedenkgottesdienst

Der Gedenkgottesdienst kann aus unterschiedlichen Gründen gehalten werden. Er ist vom Begräbnisort und vom Zeitpunkt der erfolgten Bestattung unabhängig; denn eine Begräbnishandlung ist in ihm nicht vorgesehen. Der Gedenkgottesdienst ist im Wesentlichen Gebet und Zuspruch für die Angehörigen.

Dieser Gottesdienst kann auch geeignet sein, wenn aus bestimmten Gründen eine Beteiligung der Kirche an der Grablegung nicht möglich ist, den Angehörigen aber der gottesdienstliche Beistand nicht versagt werden soll. Schließlich wäre er sinnvoll, wenn der Körper der oder des Toten für anatomische Zwecke zur Verfügung gestellt wurde oder nach Katastrophen (z. B. Schiffsuntergang u. ä.).

i) Abkündigung und Fürbitte im Gemeindegottesdienst

Die Fürbitte wird in der Regel im Gottesdienst am Sonntag nach der Bestattung gehalten oder an einem anderen, mit den Angehörigen verabredeten Sonntag. Die Bestattung wird abgekündigt; die Verstorbenen werden namentlich genannt, sodann wird für sie und ihre Angehörigen gebetet. Das Gebet kann mit den Abkündigungen verbunden oder – besser – in das Allgemeine Kirchengebet/Fürbittengebet aufgenommen werden.

Ein guter Brauch in den Gemeinden ist das Gedenken an die Toten eines Jahres am Gedenktag der Entschlafenen. Dieses Gedenken kann auch statt am Ewigkeitssonntag im Gottesdienst zum Jahresschluss oder an einem anderen, in einer Gemeinde üblichen Tag erfolgen. Es wird mit der Verlesung aller Namen und mit einer Fürbitte begangen. Die Einbeziehung der Osterkerze, weiterer Kerzen und biblischer Voten ist möglich.

Die Agende bietet mehrere Möglichkeiten an, aus denen entsprechend örtlicher Tradition ausgewählt werden kann.

DER DIENST IM STERBE- UND TRAUERHAUS

A

AUSSEGNUNG

ÜBERSICHT

Friedensgruß
Votum
Gebet
[Valetsegen]
Lesung [mit Zuspruch]
[Abschied]
Vaterunser
Segen

LITURGIE

Diese Liturgie kann kurz nach dem Eintritt des Todes gebraucht werden.
Sie ist auch vorgesehen für eine ANDACHT beim ersten Besuch im Trauerhaus oder mit Angehörigen, die nicht am Begräbnis teilnehmen können.

Ist der Leichnam nicht (mehr) im Hause, so entfällt der Valetsegen. Wenn der/dem Entschlafenen der „Beistand in der Sterbestunde“ (Handreichung für den seelsorgerlichen Dienst, S. 75 ff.; Evangelisches Pastorale, S. 102 f.) geleistet worden ist, beginnt der Dienst an den Hinterbliebenen in unmittelbarem Anschluss daran mit der Schriftlesung.
Die Andacht kann auch von einem Mitglied des Kirchenvorstandes oder einem anderen Gemeindeglied oder von Angehörigen übernommen werden.

FRIEDENSGRUSS

Der Friede Gottes sei mit euch [allen].
Gemeinde: Und mit deinem Geist. oder: Amen.

Biblisches Votum

Leben wir, so leben wir dem Herrn; sterben wir, so sterben wir dem Herrn. Darum: wir leben oder sterben, so sind wir des Herrn. *Römer 14,8*

Gebet

Lasst uns beten:
HERR, lehre doch mich,
dass es ein Ende mit mir haben muss
und mein Leben ein Ziel hat und ich davon muss.
  Siehe, meine Tage sind eine Handbreit bei dir,
  und mein Leben ist wie nichts vor dir.
Ach, wie gar nichts sind alle Menschen,
die doch so sicher leben!
  Nun, Herr, wes soll ich mich trösten?
  Ich hoffe auf dich. *Psalm 39,5–6.8 (vgl. auch EG 722)*

Herr, erbarme dich.
Christus, erbarme dich.
Herr, erbarme dich.
Weitere Psalmen, z. B. 73, 90, s. S. 135 ff.

oder:

Herr Jesus Christus, du Überwinder des Todes,
wir bitten dich:
Steh uns in dieser schweren Stunde bei
mit deinem Trost und mit deiner Gnade.
Gib uns die Gewissheit, dass wir in deiner Hand bleiben im Leben und im Sterben.
Lass uns die Kraft deiner Auferstehung erfahren,
jetzt und in Ewigkeit.

oder ein freies Gebet.
Weitere Gebete s. S. 152 ff.

Valetsegen

zur/zum Toten gewandt:

Es segne dich Gott, der Vater,
der dich nach seinem Ebenbild geschaffen hat.
Es segne dich Gott, der Sohn,
der dich durch sein Leiden und Sterben erlöst hat.
Es segne dich Gott, der Heilige Geist,
der dich zu seinem Tempel bereitet und geheiligt hat.
Der Dreieinige Gott ✚ sei dir gnädig im Gericht
und schenke dir das ewige Leben.

Andere Formen des Valetsegens s. S. 224 (auch EG 949)

Lesung

Der HERR ist mein Hirte,
mir wird nichts mangeln.
Er weidet mich auf einer grünen Aue
und führet mich zum frischen Wasser.
Er erquicket meine Seele.
Er führet mich auf rechter Straße um seines Namens willen.
Und ob ich schon wanderte im finstern Tal,
fürchte ich kein Unglück;
denn du bist bei mir,
dein Stecken und Stab trösten mich.
Du bereitest vor mir einen Tisch
im Angesicht meiner Feinde.
Du salbest mein Haupt mit Öl
und schenkest mir voll ein.
Gutes und Barmherzigkeit werden mir
folgen mein Leben lang,
und ich werde bleiben im Hause des
Herrn immerdar. *Psalm 23 (EG 711)*

oder:

So spricht der HERR:
Fürchte dich nicht, denn ich habe dich erlöst;
ich habe dich bei deinem Namen gerufen; du bist mein!
Wenn du durch Wasser gehst, will ich bei dir sein,
und wenn du durch Ströme gehst,
sollen sie dich nicht ersäufen.
Wenn du ins Feuer gehst, wirst du nicht brennen,
und die Flamme wird dich nicht versengen.
Denn ich bin der HERR, dein Gott,
der Heilige Israels, dein Heiland. *Jesaja 43,1b–3a*

oder:

Jesus Christus spricht: Euer Herz erschrecke nicht! Glaubt an Gott und glaubt an mich! In meines Vaters Hause sind viele Wohnungen. Wenn's nicht so wäre, hätte ich dann zu euch gesagt: Ich gehe hin, euch die Stätte zu bereiten?
Und wenn ich hingehe, euch die Stätte zu bereiten, will ich wiederkommen und euch zu mir nehmen, auf dass auch ihr seid, wo ich bin. *Johannes 14,1–3*

Weitere Texte s. S. 188 ff.

Der Lesung sollten persönliche Worte des Zuspruchs oder ein Gespräch oder Stille folgen. Danach kann der Abschied vorgesehen werden:

ABSCHIED

Wir nehmen Abschied von ______NAME______ .
Wer *sie/ihn* liebgehabt und geachtet hat,
trage diese Liebe und Achtung weiter.
Wen *sie/er* liebgehabt hat, danke *ihr/ihm* alle Liebe.
Wer *ihr/ihm* etwas schuldig geblieben ist an solcher Liebe in Worten und Taten, bitte Gott um Vergebung.
Und wem *sie/er* wehgetan haben sollte,
verzeihe *ihr/ihm,*
wie Gott uns vergibt, wenn wir ihn darum bitten.
So nehmen wir Abschied mit Dank für alles Gewesene und im Frieden. Lasst uns das in der Stille tun.
Stille

oder:
Wir wollen Abschied nehmen von ______NAME______
und in der Stille bedenken, was uns mit *ihr/ihm* verbindet:
Wir denken an die Liebe, die wir *ihr/ihm* geschenkt und die wir empfangen haben.
Stille
Wir denken an gute Zeit und an Zeit, in der wir es schwer miteinander hatten.
Stille
Wir denken an das, was wir *ihr/ihm* schuldig geblieben sind,
und an das, was wir *ihr/ihm* nun zu vergeben haben.
Stille

So nehmen wir Abschied mit Dank für alles Gewesene und im Frieden.

VATERUNSER

Lasst uns gemeinsam [das Vaterunser] beten.

Vater unser im Himmel. Geheiligt werde dein Name. Dein Reich komme. Dein Wille geschehe, wie im Himmel, so auf Erden. Unser tägliches Brot gib uns heute. Und vergib uns unsere Schuld, wie auch wir vergeben unseren Schuldigern. Und führe uns nicht in Versuchung, sondern erlöse uns von dem Bösen.
Denn dein ist das Reich und die Kraft und die Herrlichkeit in Ewigkeit.
Amen.

SEGEN

Es segne und behüte *euch/uns* der allmächtige und barmherzige Gott, ✚ der Vater, der Sohn und der Heilige Geist.

oder:
Der Friede Gottes, der höher ist als alle Vernunft, bewahre *eure/unsere* Herzen und Sinne in ✚ Christus Jesus.

Gemeinde: Amen.

DER DIENST IM STERBE- UND TRAUERHAUS

B
ABHOLUNG

Die Abholung erfolgt, wenn eine Überführung des Sarges vom Trauerhaus/Aufbahrungsort zur Friedhofskapelle/Kirche oder zum Grab üblich ist oder als Abholung der Trauergemeinde vor der Bestattung oder vor dem gemeinsamen Gang zur Urnenstätte. Ein Kreuzträger kann vorangehen.

ÜBERSICHT

Friedensgruß
[Lied]
Psalm
Gebet
Geleitwort

LITURGIE

Friedensgruss

Der Friede Gottes sei mit euch [allen].
Gemeinde: Und mit deinem Geist. oder: Amen.

Unsere Hilfe steht im Namen des Herrn,
Gemeinde: der Himmel und Erde gemacht hat.

Lied

Psalm

Im Wechsel mit der Gemeinde:

Der Herr ist mein Licht und mein Heil;
vor wem sollte ich mich fürchten?
  Der Herr ist meines Lebens Kraft;
  vor wem sollte mir grauen?
Herr, höre meine Stimme, wenn ich rufe;
sei mir gnädig und antworte mir!
  Mein Herz hält dir vor dein Wort:
  „Ihr sollt mein Antlitz suchen."
  Darum suche ich auch, Herr, dein Antlitz.
Verbirg dein Antlitz nicht vor mir,
und tu die Hand nicht von mir ab, du Gott meines Heils!
  Ich glaube aber doch, dass ich sehen werde
  die Güte des Herrn im Lande der Lebendigen.

Psalm 27 in Auswahl (vgl. auch EG 714)

oder ein anderer Psalm, s. S. 135 ff.

Der Psalm wird durch den Lobpreis abgeschlossen:

Ehre sei dem Vater
und dem Sohn
und dem Heiligen Geist,
wie im Anfang,
so auch jetzt und
alle Zeit und in Ewigkeit.
Gemeinde: Amen.

Ehre sei dem Vater
und dem Sohn
und dem Heiligen Geist,
wie es war im Anfang,
jetzt und immerdar
und von Ewigkeit
zu Ewigkeit.
Gemeinde: Amen.

Gebet

Lasst uns beten:
Herr, himmlischer Vater, du hast ______NAME______ aus unserer Mitte genommen. Da wir nun *ihren / seinen* Leib aus diesem Haus hinausgeleiten, bitten wir dich:
Wende unseren Sinn von den irdischen Wohnungen zu der ewigen Heimat, die du uns verheißen hast. Tröste uns in der Kraft des Heiligen Geistes durch Jesus Christus, unsern Herrn.

oder:
Ewiger Gott, wir bitten dich:
Stärke unseren Glauben, damit wir auch in dieser Stunde des Leides deine Weisheit und Liebe erkennen, den Trost des Evangeliums erfahren und im Vertrauen auf deine Hilfe die Wege gehen, die du uns führst. Darum bitten wir dich durch Jesus Christus, unsern Herrn.
Gemeinde: Amen.

oder ein frei formuliertes Gebet

Geleitwort

Wir haben hier keine bleibende Stadt, sondern die zukünftige suchen wir. *Hebräer 13,14*

Wenn sich der Gang zur Kirche/Kapelle anschließt:
Lasst uns nun in die *Kirche/Kapelle* gehen und Gottes Wort hören. Gottes Friede geleite uns.
Gemeinde: Amen.

Wenn sich die Bestattung anschließt:
Lasst uns nun [zum Acker Gottes gehen und] den Leib *der/des* Verstorbenen zu seiner Ruhestätte bringen. Der Herr behüte unseren Ausgang und Eingang von nun an bis in Ewigkeit.
Gemeinde: Amen.

GOTTESDIENST ZUR BESTATTUNG

I

ZUERST IN DER KAPELLE / KIRCHE, FORTGESETZT AM GRAB

ÜBERSICHT

IN DER KAPELLE / KIRCHE	AM GRAB
[Musik]	Bestattung
Friedensgruß	[Glaubensbekenntnis]
Einleitung/Biblisches Votum	Lesung
Lied	[Lied]
Psalm oder Eingangsgebet	Vaterunser
Lesung	Schlussgebet
[Lied]	[Lied]
[Lebenslauf]	Segen
Predigt	
Lied	
[Abschied]	
Gebet	
Geleitwort	

LITURGIE

Die nachstehende Liturgie kann auch gebraucht werden, wenn der Gottesdienst NUR AM GRAB gehalten wird. Dann wird in der Regel zu Beginn der Sarg eingesenkt, und das Geleitwort entfällt.

IN DER KAPELLE / KIRCHE

Musik

Der Gottesdienst kann mit einem Gemeindelied oder Chorgesang oder anderer Musik eröffnet werden.

Friedensgruss

Der Friede Gottes sei mit euch [allen].
Gemeinde: Und mit deinem Geist. oder: Amen.

oder:
Gnade sei mit euch und Friede von Gott, unserem Vater, und dem Herrn Jesus Christus.
Gemeinde: Und mit deinem Geist. oder: Amen.

oder:

Die Gnade unseres Herrn Jesus Christus und die Liebe Gottes und die Gemeinschaft des Heiligen Geistes sei mit euch allen.

Gemeinde: Und mit deinem Geist. oder: Amen.

Einleitung / Biblisches Votum

Die Liturgin oder der Liturg kann sich etwa mit folgenden Worten oder auch nur mit einem biblischen Votum an die Gemeinde wenden. (Ggf. sind neben der Namensnennung wenige Hinweise zur Person der/des Verstorbenen angebracht):

Wir sind hier zusammengekommen, um Abschied zu nehmen von [*unserer Schwester/unserem Bruder* in Christus]

_____NAME_____.

Ihr/Sein Tod bringt euch, *den Angehörigen/der Familie,* und vielen von uns Trauer und Schmerz.

Als Christen glauben wir, dass der Tod nicht das Ende ist. Wir erwarten das ewige Leben. In diesem Glauben suchen wir Trost aus Gottes Wort.

Jesus Christus spricht: Kommt her zu mir, alle, die ihr mühselig und beladen seid; ich will euch erquicken.

Matthäus 11,28

oder:

Jesus Christus spricht:
In der Welt habt ihr Angst; aber seid getrost, ich habe die Welt überwunden. *Johannes 16,33b*
Wir *klagen / sind traurig* über den Tod *unserer Schwester/ unseres Bruders* [in Christus] ______NAME______.
Unser Herz ist schwer. Unsere Angst vor der Macht des Todes ist groß. Unsere Zuversicht ist erschüttert. Deshalb suchen wir Trost und Geborgenheit bei Jesus Christus, der uns auch im Leiden nicht loslässt. Er ist unsere Hoffnung.

oder:

So spricht Gott, der HERR:
Fürchte dich nicht, denn ich habe dich erlöst; ich habe dich bei deinem Namen gerufen; du bist mein! *Jesaja 43,1b*

Andere biblische Voten, s. S. 130 ff.
oder eine frei formulierte Einleitung.

Lied

Psalm oder Eingangsgebet

A
Psalm

Lasst uns beten [mit den Worten des ______ Psalms]:

Herr, lehre doch mich,
dass es ein Ende mit mir haben muss
und mein Leben ein Ziel hat und ich davon muss.
Siehe, meine Tage sind eine Handbreit bei dir,
und mein Leben ist wie nichts vor dir.
Ach, wie gar nichts sind alle Menschen,
die doch so sicher leben!
Sie gehen daher wie ein Schatten
und machen sich viel vergebliche Unruhe;
sie sammeln und wissen nicht, wer es kriegen wird.
Nun, Herr, wes soll ich mich trösten?
Ich hoffe auf dich.
Höre mein Gebet, Herr, und vernimm mein Schreien,
schweige nicht zu meinen Tränen;
denn ich bin ein Gast bei dir,
ein Fremdling wie alle meine Väter.

Psalm 39,5–8.13 (EG 722)

Andere Psalmen s. S. 135 ff.

Der Psalm wird durch den Lobpreis oder mit einem Bittruf abgeschlossen.

Ehre sei dem Vater
und dem Sohn und
dem Heiligen Geist
wie im Anfang, so auch
jetzt und alle Zeit und
in Ewigkeit.
Gemeinde: Amen.

Ehre sei dem Vater
und dem Sohn und
dem Heiligen Geist,
wie es war im Anfang,
jetzt und immerdar
und von Ewigkeit zu
Ewigkeit.
Gemeinde: Amen.

oder:
Herr, erbarme dich.
Gemeinde: Christus, erbarme dich. Herr, erbarme dich.

oder:
Heiliger Herre Gott, heiliger starker Gott,
heiliger barmherziger Heiland, du ewiger Gott:
lass uns nicht versinken in des bittern Todes Not.
Kyrie eleison.

aus EG 518

Statt des Psalms kann ein Eingangsgebet gesprochen werden.

B
Eingangsgebet

Ewiger Gott, wir bitten dich: Stärke unseren Glauben,
dass wir auch in diesen Stunden des Leids
deine Weisheit und Liebe erkennen,
den Trost des Evangeliums erfahren
und im Vertrauen auf dich die Wege gehen, die du uns führst.
Sei uns nahe mit deinem Geist und erfülle uns mit deinem Frieden in Jesus Christus, unserem Herrn.
Gemeinde: Amen.

Andere Eingangsgebete s. S. 152 ff.

Lesung

Hört den Trost der Heiligen Schrift.
So steht geschrieben im Evangelium des Johannes im 14. Kapitel.

Jesus spricht zu seinen Jüngern: Euer Herz erschrecke nicht! Glaubt an Gott und glaubt an mich! In meines Vaters Hause sind viele Wohnungen. Wenn's nicht so wäre, hätte ich dann zu euch gesagt: Ich gehe hin, euch die Stätte zu bereiten? Und wenn ich hingehe, euch die Stätte zu bereiten, will ich wiederkommen und euch zu mir nehmen, auf dass auch ihr seid, wo ich bin. Und wo ich hingehe – den Weg dahin wisst ihr.

Spricht zu ihm Thomas: Herr, wir wissen nicht, wo du hingehst; wie können wir den Weg wissen?
Jesus spricht zu ihm: Ich bin der Weg und die Wahrheit und das Leben; niemand kommt zum Vater denn durch mich.

Johannes 14,1–6

Andere Lesungen s. S. 188 ff.

Dank sei dir, o Herr.
Gemeinde: Lob sei dir in Ewigkeit. oder: Amen.

oder:
Wort des lebendigen Gottes.
Gemeinde: Dank sei Gott.

Lied

Hier kann ein Gemeindelied oder Chorgesang oder andere Musik vorgesehen werden.

Lebenslauf

Hier kann ein Lebenslauf verlesen werden.

Predigt

Die Predigt wird über ein Schriftwort gehalten.
An die Stelle der Predigt kann der Text einer Besinnung oder eine Predigtlektion treten, s. S. 217 ff. Der Predigt kann – wo regional üblich – das Glaubensbekenntnis folgen, s. S. 59.

Lied

Abschied

Falls nicht schon bei der Aussegnung erfolgt, kann hier der Abschied vorgesehen werden:

Wir nehmen Abschied von ______NAME______.
Wer *sie/ihn* geliebt und geachtet hat, trage diese Liebe und Achtung weiter.
Wen *sie/er* geliebt hat, danke *ihr/ihm* alle Liebe.
Wer *ihr/ihm* etwas schuldig geblieben ist an Liebe in Worten und Taten, bitte Gott um Vergebung.
Und wem *sie/er* wehgetan haben sollte, verzeihe *ihr/ihm*, wie Gott uns vergibt, wenn wir ihn darum bitten.
So nehmen wir Abschied mit Dank und im Frieden.
Lasst uns das in der Stille tun.

Stille

Gebet

Lasst uns beten:
Ewiger Gott, Herr über Lebende und Tote:
Wir beugen uns unter deinen Willen und geben *unsere Entschlafene/unseren Entschlafenen* in deine Hand.

Nur wenn der Abschied nicht vorausgegangen ist:

Wir gedenken *ihrer/seiner* vor dir in der Stille.

Stille

Wir danken dir für alles,
was du in deiner Güte an *ihr/ihm* getan hast
in guten und in schweren Zeiten.
Wir danken dir auch für alles, was *sie/er* uns gewesen ist.
Wir bitten dich:
Nimm *sie/ihn* gnädig auf
und vollende dein Werk an *ihr/ihm* in Ewigkeit.
Herr, unser Gott, du willst uns in Liebe begegnen.
Lass uns daran nicht zweifeln,
auch wenn wir dich jetzt nicht verstehen.

Wir bitten dich für alle, die um ______NAME______ trauern:
Tröste sie durch dein heiliges Wort.
Lass sie ihre Hoffnung auf dich setzen.
Stärke sie im Glauben.
Wir *befehlen/vertrauen* deiner Gnade an,
wen du als nächsten aus unserer Mitte abrufen wirst.
Mach uns alle im Glauben bereit für unsere letzte Stunde.
Stärke in uns die Zuversicht,
dass du unser Leben vollenden wirst.
Darum bitten wir durch Jesus Christus, unsern Herrn.
Gemeinde: Amen.

oder:

Allmächtiger Gott, lieber Vater im Himmel.
Du allein setzt unserem Leben Anfang und Ende.
Du hast ______NAME______ in der heiligen Taufe in deine Gemeinschaft gerufen.
Du hast *sie/ihn* mit deinem Wort geleitet und durch dein heiliges Mahl gestärkt.
Du warst *ihr/ihm* nahe in glücklichen und schweren Tagen.
Dafür danken wir dir.
Jetzt hast du *sie/ihn* aus unserer Mitte abgerufen.
Wir beugen uns unter deinen Willen.
Nimm *sie/ihn* in Gnaden an. Tröste, die um *sie/ihn* trauern.
Hilf uns allen in unserer letzten Stunde.
Darum bitten wir dich durch Jesus Christus, unsern Herrn.
Gemeinde: Amen.

Weitere Gebete, s. S. 155 ff., oder ein frei formuliertes Gebet

Geleitwort

An dieser Stelle kann eingefügt werden:
[Zum Paradies mögen Engel dich geleiten, die heiligen Märtyrer dich begrüßen und dich führen in die heilige Stadt Jerusalem.
Die Chöre der Engel mögen dich empfangen, und durch Christus, der für dich gestorben, soll ewiges Leben dich erfreuen.]

Lasst uns nun
[zum Acker Gottes gehen und]
den Leib *der/des* Verstorbenen zu seiner Ruhestätte bringen.

Wir erwarten die Auferstehung der Toten und das Leben der kommenden Welt. In dieser Hoffnung bringen wir den Leib *unserer Schwester/unseres Bruders* in Christus
NAME
zu seiner Ruhestätte.

Der Herr behüte *unseren/deinen* Ausgang nun an bis in Ewigkeit.

Der Gang zum Grab kann von Musik begleitet werden (Singen der Gemeinde oder eines Chores oder Musizieren einer Instrumentalgruppe).

AM GRAB

BESTATTUNG

Zu Beginn wird der Sarg eingesenkt.
Danach wird ein biblisches Votum gesprochen:

Herr, du bist unsere Zuflucht für und für. Ehe denn die Berge wurden und die Erde und die Welt geschaffen wurden, bist du, Gott, von Ewigkeit zu Ewigkeit.

Psalm 90,1–2

oder:

Ich hebe meine Augen auf zu den Bergen. Woher kommt mir Hilfe? Meine Hilfe kommt vom HERRN, der Himmel und Erde gemacht hat. *Psalm 121,1–2*

Nachdem Gott, der Herr über Leben und Tod, [*unsere Schwester/unseren Bruder* in Christus] ______ NAME ______ aus diesem Leben abgerufen hat, legen wir *ihren/seinen* Leib in Gottes Acker.

unter dreimaligem Erdwurf

Erde zu Erde,
Asche zu Asche,
Staub zum Staube.

Wir *befehlen/geben*
sie/ihn in Gottes Hand.

Es wird gesät verweslich
und wird auferstehen
unverweslich.
Es wird gesät in Niedrigkeit
und wird auferstehen
in Herrlichkeit.
Es wird gesät
in Schwachheit
und wird auferstehen
in Kraft.
Wir *befehlen/geben*
sie/ihn in Gottes Hand.

Jesus Christus wird *sie/ihn* auferwecken. Er sei *ihr/ihm* gnädig im Gericht und lasse *sie/ihn* die ewige Herrlichkeit schauen. Friede sei mit *ihr/ihm.**

oder:
Unsere Schwester/unser Bruder ______ NAME ______ ist durch die Taufe mit Christus verbunden. Auch der Tod kann *sie/ihn* nicht aus seiner Hand reißen. Darum befehlen wir *sie/ihn* seiner Gnade.
Friede sei mit *ihr/ihm.**

Glaubensbekenntnis

In der heiligen Taufe hat Gott *unsere Schwester/unseren Bruder* zum ewigen Leben bestimmt. Lasst uns miteinander den Glauben bekennen, auf den auch wir getauft sind:

oder:
Angesichts des Todes bekennen wir unseren Glauben an den lebendigen Gott:

---

* Wo die Ordnung der Gliedkirche dies vorsieht:
Friede sei mit *ihr/ihm* von Gott, ✚ dem Vater und dem Sohn und dem Heiligen Geist.

Ich glaube an Gott, den Vater, den Allmächtigen,
den Schöpfer des Himmels und der Erde,
und an Jesus Christus,
seinen eingeborenen Sohn, unsern Herrn,
empfangen durch den Heiligen Geist,
geboren von der Jungfrau Maria,
gelitten unter Pontius Pilatus,
gekreuzigt, gestorben und begraben,
hinabgestiegen in das Reich des Todes,
am dritten Tage auferstanden von den Toten,
aufgefahren in den Himmel;
er sitzt zur Rechten Gottes, des allmächtigen Vaters;
von dort wird er kommen,
zu richten die Lebenden und die Toten.
Ich glaube an den Heiligen Geist,
die heilige christliche Kirche,
Gemeinschaft der Heiligen,
Vergebung der Sünden,
Auferstehung der Toten
und das ewige Leben. Amen.

Das Glaubensbekenntnis kann auch nach der Predigt oder nach dem Schlussgebet gesprochen werden.

Lesung

Jesus Christus spricht:
Ich bin die Auferstehung und das Leben. Wer an mich glaubt, der wird leben, ob er gleich stürbe; und wer da lebt und glaubt an mich, der wird nimmermehr sterben.

Johannes 11,25–26a

oder:

So bezeugt die Heilige Schrift [den Glauben der Christen angesichts des Todes]:

Unser keiner* lebt sich selber, und keiner stirbt sich selber. Leben wir, so leben wir dem Herrn; sterben wir, so sterben wir dem Herrn. Darum: wir leben oder sterben, so sind wir des Herrn. Denn dazu ist Christus gestorben und wieder lebendig geworden, dass er über Tote und Lebende Herr sei. *Römer 14,7–9*

oder:

Die Hoffnung der Christen angesichts des Todes bezeugt der Seher Johannes im letzten Buch der Bibel:

---

* Andere Übersetzung:
Keiner von uns …

Ich sah einen neuen Himmel und eine neue Erde; denn der erste Himmel und die erste Erde sind vergangen, und das Meer ist nicht mehr. Und ich hörte eine große Stimme von dem Thron her, die sprach:
Siehe da, die Hütte Gottes bei den Menschen! Und er wird bei ihnen wohnen, und sie werden seine Völker sein, und er selbst, Gott mit ihnen, wird ihr Gott sein; und Gott wird abwischen alle Tränen von ihren Augen, und der Tod wird nicht mehr sein, noch Leid noch Geschrei noch Schmerz wird mehr sein; denn das Erste ist vergangen. Und der auf dem Thron saß, sprach: Siehe, ich mache alles neu!

Offenbarung 21,1.3–5a

oder eine andere Lesung zur Hoffnung des Glaubens, s.S. 188 ff.

Lied

Hier kann das Lied „Christ ist erstanden“ (EG 99) oder ein anderes Osterlied gesungen werden.

Vaterunser

Lasst uns gemeinsam [das Vaterunser] beten.

Vater unser im Himmel.
Geheiligt werde dein Name.
Dein Reich komme.
Dein Wille geschehe, wie im Himmel, so auf Erden.

Unser tägliches Brot gib uns heute.
Und vergib uns unsere Schuld,
wie auch wir vergeben unsern Schuldigern.
Und führe uns nicht in Versuchung,
sondern erlöse uns von dem Bösen.
Denn dein ist das Reich und die Kraft
und die Herrlichkeit in Ewigkeit. Amen.

Schlussgebet

Himmlischer Vater,
du hast durch Jesus Christus den Tod besiegt und uns berufen in dein ewiges Reich:
Hilf uns, dass wir deinem Sohn nachfolgen auf dem Weg, der zum Leben führt.
Darum bitten wir dich durch Christus, unsern Herrn.
Gemeinde: Amen.

Ewiger Gott,
du hast uns in die Gemeinschaft deines Sohnes berufen:
Erhalte uns in der Gewissheit, dass er uns aus dem Tod reißt und verwandelt zum ewigen Leben. Durch ihn, Jesus Christus, unsern Herrn.
Gemeinde: Amen.

Andere Schlussgebete s. S. 183 ff.

Wo regional üblich, kann nun das Glaubensbekenntnis folgen, s. S. 59.

Lied

Wenn nicht vor dem Vaterunser gesungen wurde, kann hier „Christ ist erstanden" (EG 99) gesungen werden.

Vor dem Segen können ggf. Hinweise (z. B. auf die Fürbitte im nächsten Gottesdienst u. ä.) gegeben oder Mitteilungen gemacht werden.

Segen

Gehet hin im Frieden des Herrn.
Es segne und behüte euch der allmächtige und barmherzige Gott, ✚ der Vater, der Sohn und der Heilige Geist.
Gemeinde: Amen.

oder:
Der Herr segne dich und behüte dich.
Der Herr lasse sein Angesicht leuchten über dir und sei dir gnädig.
Der Herr erhebe sein Angesicht auf dich und gebe dir
✚ Frieden.
Gemeinde: Amen.

GOTTESDIENST ZUR BESTATTUNG

II

NUR AM GRAB

Wird der Gottesdienst zur Bestattung NUR AM GRAB begangen, kann die Liturgie des GOTTESDIENSTES ZUR BESTATTUNG I (s. S. 47 ff.) – entsprechend der folgenden Übersicht – gebraucht werden. Der Sarg wird in der Regel jedoch zu Beginn ins Grab gesenkt; das Geleitwort entfällt.

ÜBERSICHT

[Abholung]

[Musik]
Friedensgruß
Einleitung / Biblisches Votum
Lied
Psalm oder Eingangsgebet
Lesung
[Lied]
[Lebenslauf]
Predigt
Lied
Gebet
Bestattung
[Glaubensbekenntnis]
Lesung
[Lied]
Vaterunser
Schlussgebet
[Lied]
Segen

GOTTESDIENST ZUR BESTATTUNG

III

ZUERST AM GRAB, FORTGESETZT IN DER KIRCHE / KAPELLE

ÜBERSICHT

AM GRAB	IN DER KIRCHE / KAPELLE
[Abholung]	
[Musik]	[Musik]
Friedensgruß	Biblisches Votum
Einleitung / Biblisches Votum	Lesung
[Psalm]	[Lied]
Bestattung	[Lebenslauf]
[Glaubensbekenntnis]	Predigt
Lesung	Lied
[Lied]	Gebet
Gebet	Vaterunser
Geleitwort	[Abendmahl]
	Segen

LITURGIE

AM GRAB

Wenn der Sarg vom Trauerhaus/Aufbahrungsort zum Grab gebracht wird, beginnt die Handlung mit der ABHOLUNG (s. S. 42 ff.). Dann wird der Gottesdienst am Grab mit der Einleitung fortgeführt. Beginnt die Handlung erst am Grab, folgt dem Friedensgruß und der Einleitung ein Psalm oder ein Eingangsgebet; der Gottesdienst wird danach mit der BESTATTUNG fortgesetzt.

MUSIK

Der Gottesdienst kann mit einem Gemeindelied oder Chorgesang oder anderer Musik eröffnet werden.

FRIEDENSGRUSS

Der Friede Gottes sei mit euch [allen].
Gemeinde: Und mit deinem Geist. oder: Amen.

oder:
Gnade sei mit euch und Friede von Gott, unserem Vater, und dem Herrn Jesus Christus.
Gemeinde: Und mit deinem Geist. oder: Amen.

oder:
Die Gnade unseres Herrn Jesus Christus und die Liebe Gottes und die Gemeinschaft des Heiligen Geistes sei mit euch allen.
Gemeinde: Und mit deinem Geist. oder: Amen.

Einleitung / Biblisches Votum

Die Liturgin oder der Liturg kann sich etwa mit folgenden Worten oder auch nur mit einem biblischen Votum an die Gemeinde wenden. (Ggf. sind neben der Namensnennung wenige Hinweise zur Person der / des Verstorbenen angebracht):

Wir sind hier zusammengekommen, um Abschied zu nehmen von [*unserer Schwester / unserem Bruder* in Christus]
____NAME____.
Ihr / Sein Tod bringt euch, *den Angehörigen / der Familie,* und vielen von uns Trauer und Schmerz.

Als Christen glauben wir, dass der Tod nicht das Ende ist. Wir erwarten das ewige Leben. In diesem Glauben suchen wir Trost aus Gottes Wort.
Jesus Christus spricht:
Kommt her zu mir, alle, die ihr mühselig und beladen seid; ich will euch erquicken. *Matthäus 11,28*

oder:

Jesus Christus spricht:
In der Welt habt ihr Angst; aber seid getrost, ich habe die Welt überwunden. *Johannes 16,33b*
Wir *klagen/sind traurig* über den Tod *unserer Schwester/ unseres Bruders* [in Christus] ______NAME______.
Unser Herz ist schwer. Unsere Angst vor der Macht des Todes ist groß. Unsere Zuversicht ist erschüttert. Deshalb suchen wir Trost und Geborgenheit bei Jesus Christus, der uns auch im Leiden nicht loslässt. Er ist unsere Hoffnung.

oder:
So spricht Gott, der HERR:
Fürchte dich nicht, denn ich habe dich erlöst; ich habe dich bei deinem Namen gerufen; du bist mein! *Jesaja 43,1b*

Andere biblische Voten s. S. 130 ff.,
oder eine frei formulierte Einleitung.

Psalm

Wenn keine Abholung vorausgegangen ist, wird jetzt ein Psalm, möglichst im Wechsel mit der Gemeinde, gebetet:

Der Herr ist mein Licht und mein Heil;
vor wem sollte ich mich fürchten?
Der Herr ist meines Lebens Kraft;
vor wem sollte mir grauen?
Herr, höre meine Stimme, wenn ich rufe;
sei mir gnädig und antworte mir!
Mein Herz hält dir vor dein Wort:
„Ihr sollt mein Antlitz suchen."
Darum suche ich auch, Herr, dein Antlitz.
Verbirg dein Antlitz nicht vor mir,
und tu die Hand nicht von mir ab, du Gott meines Heils!
Ich glaube aber doch, dass ich sehen werde
die Güte des Herrn im Lande der Lebendigen.

Psalm 27 in Auswahl (vgl. auch EG 714)

oder ein anderer Psalm, s. S. 135 ff.
Der Psalm wird durch den Lobpreis abgeschlossen:

Ehre sei dem Vater und dem Sohn und dem Heiligen Geist,
wie im Anfang, so auch jetzt und alle Zeit und in Ewigkeit.
Gemeinde: Amen.

Ehre sei dem Vater und dem Sohn und dem Heiligen Geist,
wie es war im Anfang,
jetzt und immerdar
und von Ewigkeit zu Ewigkeit.
Gemeinde: Amen.

Bestattung

Nun wird der Sarg eingesenkt. Danach wird ein biblisches Votum gesprochen.

Herr, du bist unsre Zuflucht für und für. Ehe denn die Berge wurden und die Erde und die Welt geschaffen wurden, bist du, Gott, von Ewigkeit zu Ewigkeit.

Psalm 90,1–2

oder:

Ich hebe meine Augen auf zu den Bergen. Woher kommt mir Hilfe? Meine Hilfe kommt vom HERRN, der Himmel und Erde gemacht hat. *Psalm 121,1–2*

Nachdem Gott, der Herr über Leben und Tod, [*unsere Schwester/unseren Bruder* in Christus]
_____NAME_____ aus diesem Leben abgerufen hat, legen wir *ihren/seinen* Leib in Gottes Acker.

unter dreimaligem Erdwurf

Erde zu Erde,
Asche zu Asche,
Staub zum Staube.
Wir *befehlen/geben*
sie/ihn in Gottes Hand.

Es wird gesät verweslich
und wird auferstehen
unverweslich.
Es wird gesät in Niedrigkeit
und wird auferstehen in
Herrlichkeit.
Es wird gesät in
Schwachheit
und wird auferstehen
in Kraft.
Wir *befehlen/geben*
sie/ihn in Gottes Hand.

Jesus Christus wird *sie/ihn* auferwecken. Er sei *ihr/ihm* gnädig im Gericht und lasse *sie/ihn* die ewige Herrlichkeit schauen. Friede sei mit *ihr/ihm.**

oder:
Unsere Schwester/unser Bruder ______NAME______ ist durch die Taufe mit Christus verbunden. Auch der Tod kann *sie/ihn* nicht aus seiner Hand reißen. Darum befehlen wir *sie/ihn* seiner Gnade.
Friede sei mit *ihr/ihm.* *

---

* Wo die Ordnung der Gliedkirche dies vorsieht:
Friede sei mit *ihr/ihm* von Gott, ✚ dem Vater und dem Sohn und dem Heiligen Geist.

Hier ist der Erdwurf für die nächsten Angehörigen möglich.

Glaubensbekenntnis

In der heiligen Taufe hat Gott *unsere Schwester/unseren Bruder* zum ewigen Leben bestimmt. Lasst uns miteinander den Glauben bekennen, auf den auch wir getauft sind:
oder:
Angesichts des Todes bekennen wir unseren Glauben an den lebendigen Gott:

Ich glaube an Gott,
den Vater, den Allmächtigen,
den Schöpfer des Himmels und der Erde,
und an Jesus Christus,
seinen eingeborenen Sohn, unseren Herrn,
empfangen durch den Heiligen Geist,
geboren von der Jungfrau Maria,
gelitten unter Pontius Pilatus,
gekreuzigt, gestorben und begraben,
hinabgestiegen in das Reich des Todes,

am dritten Tage auferstanden von den Toten,
aufgefahren in den Himmel;
er sitzt zur Rechten Gottes, des allmächtigen Vaters;
von dort wird er kommen,
zu richten die Lebenden und die Toten.
Ich glaube an den Heiligen Geist,
die heilige christliche Kirche,
Gemeinschaft der Heiligen,
Vergebung der Sünden,
Auferstehung der Toten
und das ewige Leben. Amen.

Das Glaubensbekenntnis kann auch nach der Predigt gesprochen werden.

Lesung

Jesus Christus spricht:
Ich bin die Auferstehung und das Leben. Wer an mich glaubt, der wird leben, ob er gleich stürbe; und wer da lebt und glaubt an mich, der wird nimmermehr sterben.

Johannes 11,25–26a

oder:

So bezeugt die Heilige Schrift [den Glauben der Christen angesichts des Todes]:

Unser keiner* lebt sich selber, und keiner stirbt sich selber. Leben wir, so leben wir dem Herrn; sterben wir, so sterben wir dem Herrn. Darum: wir leben oder sterben, so sind wir des Herrn: Denn dazu ist Christus gestorben und wieder lebendig geworden, dass er über Tote und Lebende Herr sei. *Römer 14,7–9*

oder:

Die Hoffnung der Christen angesichts des Todes bezeugt der Seher Johannes im letzten Buch der Bibel:

Ich sah einen neuen Himmel und eine neue Erde; denn der erste Himmel und die erste Erde sind vergangen, und das Meer ist nicht mehr. Und ich hörte eine große Stimme von dem Thron her, die sprach:

Siehe da, die Hütte Gottes bei den Menschen! Und er wird bei ihnen wohnen, und sie werden seine Völker sein, und er selbst, Gott mit ihnen, wird ihr Gott sein; und Gott wird abwischen alle Tränen von ihren Augen, und der Tod wird nicht mehr sein, noch Leid noch Geschrei noch Schmerz wird mehr sein; denn das Erste ist vergangen. Und der auf dem Thron saß, sprach: Siehe, ich mache alles neu!

Offenbarung 21,1.3–5a

---

* Andere Übersetzung:

Keiner von uns …

Lied

Hier kann das Lied „Christ ist erstanden" (EG 99) oder ein anderes Osterlied gesungen werden.

Gebet

Lasst uns beten:
Ewiger Gott, wir bitten dich,
stärke unseren Glauben, damit wir auch in dieser Stunde des Leides deine Weisheit und Liebe erkennen, den Trost des Evangeliums erfahren und im Vertrauen auf deine Hilfe die Wege gehen, die du uns führst. Darum bitten wir dich durch Jesus Christus, unsern Herrn.
Gemeinde: Amen.

Andere Gebete s. S. 183 ff.

Geleitwort

Wir haben *die Entschlafene/den Entschlafenen ins Grab gelegt/zur Erde bestattet.* Lasst uns nun den Gottesdienst in der *Kirche/Kapelle* fortführen.
[Der Friede des Herrn geleite uns.]

IN DER KIRCHE / KAPELLE

Musik

Der Gottesdienst kann mit einem Gemeindelied oder Chorgesang oder anderer Musik fortgeführt werden.

Biblisches Votum

Jesus Christus hat dem Tod die Macht genommen und das Leben und ein unvergängliches Wesen ans Licht gebracht durch das Evangelium. *vgl. 2. Timotheus 1,10*

oder ein anderes auf die Auferstehungsbotschaft bezogenes biblisches Votum, s. S. 130 ff.

In dieser Hoffnung und Gewissheit des Glaubens haben wir [*unsere Schwester / unseren Bruder* in Christus]
_____NAME_____ *bestattet/begraben.*
Hört nun den Zuspruch aus dem Wort Gottes.

Lesung

So steht geschrieben im Evangelium des Johannes im 14. Kapitel:
Jesus sprach zu seinen Jüngern: Euer Herz erschrecke nicht! Glaubt an Gott und glaubt an mich! In meines Va-

ters Hause sind viele Wohnungen. Wenn's nicht so wäre, hätte ich dann zu euch gesagt: Ich gehe hin, euch die Stätte zu bereiten? Und wenn ich hingehe, euch die Stätte zu bereiten, will ich wiederkommen und euch zu mir nehmen, auf dass auch ihr seid, wo ich bin. Und wo ich hingehe – den Weg dahin wisst ihr. Spricht zu ihm Thomas: Herr, wir wissen nicht, wo du hingehst; wie können wir den Weg wissen?
Jesus spricht zu ihm: Ich bin der Weg und die Wahrheit und das Leben; niemand kommt zum Vater denn durch mich.

Johannes 14,1–6

Andere Lesungen s. S. 188 ff.

Dank sei dir, o Herr.
Gemeinde: Lob sei dir in Ewigkeit. oder: Amen.

oder:
Wort des lebendigen Gottes.
Gemeinde: Dank sei Gott.

Lied

Hier kann ein Gemeindelied oder Chorgesang oder andere Musik vorgesehen werden.

Lebenslauf

Hier kann ein Lebenslauf verlesen werden.

Predigt

Die Predigt wird über ein Schriftwort gehalten.
Anstelle der Predigt kann der Text einer Besinnung oder Predigtlektion verlesen werden, s. S. 217 ff.
Der Predigt kann – wo regional üblich – das Glaubensbekenntnis folgen, s. S. 74 f.

Lied

Gebet

Lasst uns beten:
Ewiger Gott, Herr über Lebende und Tote:
Wir beugen uns unter deinen Willen und geben
unsere Entschlafene/unseren Entschlafenen in deine Hand.

> Wir gedenken *ihrer/seiner* vor dir in der Stille.
> Stille

Wir danken dir für alles, was du in deiner Güte an *ihr/ihm* getan hast in guten und in schweren Zeiten.
Wir danken dir auch für alles, was *sie/er* uns gewesen ist.
Wir bitten dich: Nimm *sie/ihn* gnädig auf
und vollende dein Werk an *ihr/ihm* in Ewigkeit.
Herr, unser Gott, du willst uns in Liebe begegnen.
Lass uns daran nicht zweifeln,
auch wenn wir dich jetzt nicht verstehen.

Wir bitten dich für alle, die um ______ NAME ______ trauern:
Tröste sie durch dein heiliges Wort.
Lass sie ihre Hoffnung auf dich setzen.
Stärke sie im Glauben.
Wir *befehlen/vertrauen* deiner Gnade an,
wen du als nächsten aus unserer Mitte abrufen wirst.
Mach uns alle im Glauben bereit für unsere letzte Stunde.
Stärke in uns die Zuversicht,
dass du unser Leben vollenden wirst.
Darum bitten wir durch Jesus Christus, unsern Herrn.

oder:
Allmächtiger Gott, lieber Vater im Himmel.
Du allein setzt unserem Leben Anfang und Ende.
Du hast ______ NAME ______ in der heiligen Taufe
in deine Gemeinschaft gerufen.
Du hast *sie/ihn* mit deinem Wort geleitet
und durch dein heiliges Mahl gestärkt.
Du warst *ihr/ihm* nahe in glücklichen und in schweren Tagen.
Dafür danken wir dir.
Jetzt hast du *sie/ihn* aus unserer Mitte abgerufen.
Wir beugen uns unter deinen Willen.
Nimm *sie/ihn* in Gnaden an.
Tröste, die um *sie/ihn* trauern.
Hilf uns allen in unserer letzten Stunde.
Darum bitten wir dich durch Jesus Christus, unsern Herrn.

Weitere Gebete s. S. 155 ff.

Wird das heilige Abendmahl nicht gefeiert, folgt jetzt das Gebet des Herrn.

Vaterunser

Lasst uns gemeinsam [das Vaterunser] beten.
Vater unser im Himmel.
Geheiligt werde dein Name.
Dein Reich komme.
Dein Wille geschehe, wie im Himmel, so auf Erden.
Unser tägliches Brot gib uns heute.
Und vergib uns unsere Schuld,
wie auch wir vergeben unsern Schuldigern.
Und führe uns nicht in Versuchung,
sondern erlöse uns von dem Bösen.
Denn dein ist das Reich und die Kraft
und die Herrlichkeit in Ewigkeit. Amen.

Abendmahl

Hier kann das heilige Abendmahl gefeiert werden, s. S. 124 ff.

Vor dem Segen können ggf. Hinweise gegeben oder Mitteilungen gemacht werden.

Segen

Es segne und behüte euch der allmächtige und barmherzige Gott, ✠ der Vater, der Sohn und der Heilige Geist.
Gemeinde: Amen.

oder:
Der Herr segne dich und behüte dich.
Der Herr lasse sein Angesicht leuchten über dir und sei dir gnädig.
Der Herr erhebe sein Angesicht auf dich und gebe dir ✠ Frieden.
Gemeinde: Amen.

GOTTESDIENST ZUR BESTATTUNG

IV
BESTATTUNG EINES KINDES

ÜBERSICHT

IN DER KAPELLE/KIRCHE	AM GRAB
[Musik]	Bestattung
Friedensgruß	Lesung
Einleitung	[Lied]
[Biblisches Votum]	Vaterunser
Psalm oder Eingangsgebet	Schlussgebet
Lesung	oder Votum
[Lied]	Segen
Predigt	
Lied	
Gebet	
Geleitwort	

LITURGIE

Die nachstehende Liturgie kann auch gebraucht werden, wenn der Gottesdienst NUR AM GRAB gehalten wird. Dann entfällt das Geleitwort.

IN DER KAPELLE / KIRCHE

Musik

Der Gottesdienst kann mit einem Gemeindelied oder Chorgesang oder anderer Musik eröffnet werden.

Friedensgruss

Der Friede Gottes sei mit euch [allen].
Gemeinde: Und mit deinem Geist. oder: Amen.

oder:
Gnade sei mit euch und Friede von Gott, unserem Vater, und dem Herrn Jesus Christus.
Gemeinde: Und mit deinem Geist. oder: Amen.

oder:
Die Gnade unseres Herrn Jesus Christus und die Liebe Gottes und die Gemeinschaft des Heiligen Geistes sei mit euch allen.
Gemeinde: Und mit deinem Geist. oder: Amen.

Einleitung

Die Einleitung ist bei der Bestattung eines Kindes in besonderer Weise von der Situation abhängig. Sie sollte mit wenigen Worten frei formuliert werden. Dabei ist seelsorgerlich zu entscheiden, ob sie stärker vom Mitgefühl, von der Zuversicht des Glaubens oder von der Klage geprägt ist, Gott nicht verstehen zu können.

[Beispiele:
Wir müssen Abschied nehmen von [dem Kind]
______VORNAME______ .
Mit *ihren/seinen* Eltern und ... fühlen wir Trauer und Schmerz. Wir begreifen nicht, warum dieses Unglück geschehen ist. Wir empfinden eine große Leere. Wir klagen Gott unser Leid; wir bitten ihn um ein Wort, das uns aufrichtet und tröstet.

oder:
Wir müssen Abschied nehmen von ______VORNAME______ .
Mit *ihren/seinen* Eltern und allen, die *sie/ihn* liebhaben, sind wir voll Trauer und Schmerz. Wir fragen, warum *sie/er* so früh sterben musste, wir können es nicht begreifen. Wir verstehen Gott nicht und möchten doch glauben, dass nur er es ist, der uns helfen kann. Deshalb beten wir zu ihm und setzen unsere Hoffnung auf sein Erbarmen.

Mit der Einleitung kann ein biblisches Votum verbunden werden, s. S. 130 ff.

Psalm oder Eingangsgebet

A
Psalm

Wir beten [mit den Worten des ______ Psalms]:

Nach dir, Herr, verlangt mich.
Mein Gott, ich hoffe auf dich;
lass mich nicht zuschanden werden,
denn keiner wird zuschanden, der auf dich harret.
Herr, zeige mir deine Wege;
leite mich in deiner Wahrheit und lehre mich!
Wende dich zu mir und sei mir gnädig;
denn ich bin einsam und elend.
Die Angst meines Herzens ist groß;
führe mich aus meinen Nöten!
Sieh an meinen Jammer und mein Elend;
lass mich nicht zuschanden werden,
denn ich traue auf dich!

Psalm 25 in Auswahl (vgl. auch EG 713)

oder:

Ich rufe zu Gott und schreie um Hilfe,
zu Gott rufe ich, und er erhört mich.
In der Zeit meiner Not suche ich den Herrn;
meine Hand ist des Nachts ausgereckt und lässt nicht ab;
denn meine Seele will sich nicht trösten lassen.
Wird denn der Herr auf ewig verstoßen
und keine Gnade mehr erweisen?
Ist's denn ganz und gar aus mit seiner Güte,
und hat die Verheißung für immer ein Ende?
Hat Gott vergessen, gnädig zu sein,
hat er sein Erbarmen im Zorn verschlossen?
Ich sprach: Darunter leide ich,
dass die rechte Hand des Höchsten sich so ändern kann.
Darum denke ich an die Taten des HERRN,
ja, ich gedenke an deine früheren Wunder
und sinne über alle deine Werke
und denke deinen Taten nach.
Gott, dein Weg ist heilig.
Wo ist ein so mächtiger Gott, wie du, Gott, bist?

Psalm 77,2–3.8–14

Der Psalm wird mit dem Kyrie oder dem Lobpreis (Gloria patri) abgeschlossen.

Herr, erbarme dich.
Gemeinde: Christus, erbarme dich. Herr, erbarme dich.

Statt des Psalms kann auch eines der nachfolgenden Eingangsgebete gesprochen werden:

B
Eingangsgebet

Herr, unser Gott,
die Wege, die du mit uns gehst, sind uns oft verborgen,
und wir begreifen sie nicht.
Aber du kennst unsere Trauer und unsere Ratlosigkeit.
Darum bringen wir vor dich,
was uns in dieser Stunde bewegt.
Tröste uns durch dein Wort.
Mach uns deiner Liebe gewiss,
damit wir die Wege weitergehen können,
die du uns führen willst.
Darum bitten wir durch Jesus Christus, unsern Herrn.
Amen.

oder:
Gott, unser Vater,
wir sind ratlos und verzweifelt.
Lass uns jetzt nicht allein und hilf uns zu beten.
Verbirg dich nicht,
sondern komm und sprich zu uns,
dass wir hoffen können
und dass unsere zerschlagenen Herzen Heilung finden.
Durch Jesus Christus, unseren Herrn. Amen.

Lesung

Hört den Trost der Heiligen Schrift.
So steht geschrieben im Evangelium des Matthäus im 18. Kapitel:

Zu derselben Stunde traten die Jünger zu Jesus und sprachen: Wer ist nun der Größte im Himmelreich? Und er rief ein Kind zu sich und stellte es mitten unter sie und sprach: Wahrlich, ich sage euch: Wenn ihr nicht umkehrt und werdet wie die Kinder, so werdet ihr nicht ins Himmelreich kommen. Wer nun sich selbst erniedrigt und wird wie dieses Kind, der ist der Größte im Himmelreich. Seht zu, dass ihr nicht einen von diesen Kleinen verachtet. Denn ich sage euch: Ihre Engel im Himmel sehen allezeit das Angesicht meines Vaters im Himmel. *Matthäus 18,1–4.10*

oder:

So steht geschrieben im 1. Johannesbrief im 3. Kapitel:

Seht, welch eine Liebe hat uns der Vater erwiesen, dass wir Gottes Kinder heißen sollen – und wir sind es auch! Meine Lieben, wir sind schon Gottes Kinder; es ist aber noch nicht offenbar geworden, was wir sein werden. Wir wissen: Wenn es offenbar wird, werden wir ihm gleich sein; denn wir werden ihn sehen, wie er ist. *1. Johannes 3,1a.2*

oder:

So steht geschrieben beim Propheten Jeremia im 29. Kapitel:
Ich weiß wohl, was ich für Gedanken über euch habe, spricht der HERR: Gedanken des Friedens und nicht des Leides, dass ich euch gebe Zukunft und Hoffnung. Und ihr werdet mich anrufen und hingehen und mich bitten, und ich will euch erhören. Ihr werdet mich suchen und finden; denn wenn ihr mich von ganzem Herzen suchen werdet, so will ich mich von euch finden lassen. *Jeremia 29,11–14a*

Lied

Wenn der Gottesdienst nicht mit einem Lied begonnen wurde, kann an dieser Stelle Chorgesang oder ein Gemeindelied vorgesehen werden.

Predigt

Die Predigt wird über ein Schriftwort gehalten.
Anstelle der Predigt kann – im Notfall – der Text einer Besinnung oder Predigtlektion verlesen werden.

Lied

Gebet

Himmlischer Vater, wir bitten dich für ______VORNAME______,
lass *sie/ihn* ruhen in deinem Frieden,
vollende *sie/ihn* nach deinem Willen zum ewigen Leben in deiner Herrlichkeit.
Breite deine Liebe über *ihr/ihm* aus und lass *sie/ihn* deine Nähe erfahren.
Wir danken dir für alles, was du in der kurzen Zeit *ihres/seines* Lebens an *ihr/ihm* getan hast:
für alle Freude, die du *ihr/ihm* geschenkt hast,
und für alle Freude, die du durch ______VORNAME______ bereitet hast.

Hier können situationsbezogene Bitten eingefügt werden.

> oder:
> In der Stille bringen wir vor dich, was uns persönlich bewegt.
> Stille

Wir bitten dich für die Eltern [Geschwister, Großeltern ...]:
Sei ihnen nahe mit deinem Trost. Lass sie deine Hilfe erfahren.
Gib ihnen Menschen an die Seite, die sie begleiten auf dem schweren Weg.

oder:

Herr, unser Gott,
du hast ______VORNAME______ so früh von uns genommen.
Mit *ihren/seinen* Eltern und mit allen, die sich an *ihr/ihm* gefreut haben, bitten wir dich:
Hilf, dass wir an dir nicht irre werden. Wir hoffen auf dich.
Du hast uns dazu berufen, einzugehen in dein ewiges Reich, wo wir zusammen mit allen Vollendeten dich preisen werden. Du hast auch diesem Kind in der heiligen Taufe das ewige Leben zugesprochen.
Darum sind wir gewiss, dass *sie/er* in deinen Händen geborgen ist.
Dir sei Ehre in Ewigkeit.

oder:

Herr, unser Gott, du bist unser einziger Trost.
Wir klagen dir unser Leid und bringen die Not unseres Herzens vor dich.
Du hast diesem Kind das Leben geschenkt.
Nun hast du es heimgeholt nach deinem ewigen Ratschluss.
[In der heiligen Taufe hast du es zu deinem Eigentum erwählt.]
Wir wissen es in deinen Armen geborgen.
Nimm unseren Dank an für alle Freude,
die du uns mit diesem Kind gegeben hast.
Führe uns durch alles Fragen und Zweifeln hindurch in deinen Frieden.
Darum bitten wir dich durch Jesus Christus, unsern Herrn.

oder:
Ewiger Gott, wir bitten dich am Grabe dieses Kindes:
Lass uns nicht irre werden an dir und deiner Liebe.
Bewahre uns vor aller Bitterkeit.
Hilf uns, dass wir ja sagen können zu dem,
was du getan hast.
Stärke uns zu tragen, was du auferlegt hast.
Lass dein Wort in unsere Herzen dringen.

Bei einem totgeborenen Kind
Allmächtiger Gott, du Vater aller Menschenkinder,
dieses Kind hat nicht das Licht der Welt erblickt.
Es fällt uns schwer, deinen Willen zu verstehen.
Tröste die Mutter und den Vater, die sich auf ihr Kind gefreut haben.
Lass sie deine Liebe erfahren,
dass sie in ihrem Leid nicht verzagen.
Darum bitten wir dich durch Jesus Christus, unsern Herrn.

Geleitwort

Lasst uns nun [zum Acker Gottes gehen und] den Leib von ____VORNAME____ zu seiner Ruhestätte bringen.

Wir erwarten die Auferstehung der Toten und das Leben der kommenden Welt. In dieser Hoffnung bringen wir den Leib von ____VORNAME____ zu seiner Ruhestätte.

Der Herr behüte *unseren/deinen* Ausgang und Eingang von nun an bis in Ewigkeit.

Der Gang zum Grab kann von Musik begleitet werden (Singen der Gemeinde oder eines Chores oder Musizieren einer Instrumentalgruppe).

AM GRAB

BESTATTUNG

Zu Beginn wird der Sarg eingesenkt. Dann wird ein biblisches Votum (s. S. 130 ff.) gesprochen.

Ich hebe meine Augen auf zu den Bergen. Woher kommt mir Hilfe?
Meine Hilfe kommt vom HERRN, der Himmel und Erde gemacht hat. *Psalm 121,1–2*

Gott, der Herr über Leben und Tod, hat ______VORNAME______ aus diesem Leben gerufen. So legen wir *ihren/seinen* Leib in Gottes Acker.

unter dreimaligem Erdwurf:
Es wird gesät verweslich und wird auferstehen unverweslich.
Es wird gesät in Niedrigkeit und wird auferstehen in Herrlichkeit.
Es wird gesät in Schwachheit und wird auferstehen in Kraft.
Wir geben ______VORNAME______ in die Hand des guten Hirten.
Er kennt die Seinen; niemand wird sie aus seiner Hand reißen, und sie werden das ewige Leben haben.
Wir hoffen auf Christus. Er wird *sie/ihn* auferwecken.
Er vollende *sie/ihn* durch seine Gnade in Herrlichkeit.

Friede sei mit *ihr/ihm* von Gott, dem Vater und dem Sohn und dem Heiligen Geist.*
Gemeinde: Amen.

---

* Wo die Ordnung der Gliedkirche dies vorsieht:
Friede sei mit *ihr/ihm* von Gott, ✚ dem Vater und dem Sohn und dem Heiligen Geist.

Lesung

So bezeugt der Seher Johannes im letzten Buch der Bibel die Hoffnung der Christen angesichts des Todes:

Ich sah einen neuen Himmel und eine neue Erde; denn der erste Himmel und die erste Erde sind vergangen, und das Meer ist nicht mehr. Und ich hörte eine große Stimme von dem Thron her, die sprach: Siehe da, die Hütte Gottes bei den Menschen! Und er wird bei ihnen wohnen, und sie werden seine Völker sein, und er selbst, Gott mit ihnen, wird ihr Gott sein; und Gott wird abwischen alle Tränen von ihren Augen, und der Tod wird nicht mehr sein, noch Leid noch Geschrei noch Schmerz wird mehr sein; denn das Erste ist vergangen. Und der auf dem Thron saß, sprach: Siehe, ich mache alles neu! *Offenbarung 21,1.3–5a*

oder eine andere Lesung, s.S. 188 ff.

Lied

Hier kann ein Osterlied gesungen werden.

Vaterunser

Lasst uns gemeinsam [das Vaterunser] beten.
Vater unser im Himmel.
Geheiligt werde dein Name.
Dein Reich komme.
Dein Wille geschehe, wie im Himmel, so auf Erden.
Unser tägliches Brot gib uns heute.
Und vergib uns unsere Schuld,
wie auch wir vergeben unsern Schuldigern.
Und führe uns nicht in Versuchung,
sondern erlöse uns von dem Bösen.
Denn dein ist das Reich und die Kraft
und die Herrlichkeit in Ewigkeit. Amen.

Schlussgebet oder Votum

Himmlischer Vater, du willst nicht, dass deine Kinder durch die Macht des Todes verloren werden. Deshalb bitten wir dich: Erbarm dich über uns, richte uns auf und erwecke alle, die deine Hilfe suchen, zum ewigen Leben.

Der Herr schenke ______ VORNAME ______ die ewige Ruhe, und das ewige Licht leuchte *ihr/ihm.* Er lasse *sie/ihn* ruhen in Frieden

Gemeinde: Amen.

Durch Jesus Christus,
deinen lieben Sohn,
unsern Herrn.
Gemeinde: Amen.

Andere Schlussgebete s. S. 183 ff.

Vor dem Segen können ggf. Hinweise (z. B. auf die Fürbitte im nächsten Gottesdienst u. ä.) gegeben oder Mitteilungen gemacht werden.

Segen

Gehet hin im Frieden des Herrn.
Es segne und behüte euch der allmächtige und barmherzige Gott, ✚ der Vater, der Sohn und der Heilige Geist.
Gemeinde: Amen.

oder:
Der Herr segne dich und behüte dich.
Der Herr lasse sein Angesicht leuchten über dir und sei dir gnädig.
Der Herr erhebe sein Angesicht auf dich und gebe dir ✚ Frieden.
Gemeinde: Amen.

GOTTESDIENST ZUR BESTATTUNG

V
BEI EINER EINÄSCHERUNG

A
GOTTESDIENST IN DER KAPELLE / KIRCHE

ÜBERSICHT

[Musik]
Friedensgruß
Einleitung/Biblisches Votum
Lied
Psalm oder Eingangsgebet
Lesung
[Lied]
[Lebenslauf]
Predigt
Lied
Gebet
Vaterunser
Abschiedswort
Biblisches Votum
[Lied]
Segen

LITURGIE

Musik

Der Gottesdienst kann mit einem Gemeindelied oder Chorgesang oder anderer Musik eröffnet werden.

Friedensgruss

Der Friede Gottes sei mit euch [allen].
Gemeinde: Und mit deinem Geist. oder: Amen.

oder:
Gnade sei mit euch und Friede von Gott, unserem Vater, und dem Herrn Jesus Christus.
Gemeinde: Und mit deinem Geist. oder: Amen.

oder:
Die Gnade unseres Herrn Jesus Christus und die Liebe Gottes und die Gemeinschaft des Heiligen Geistes sei mit euch allen.
Gemeinde: Und mit deinem Geist. oder: Amen.

Einleitung / Biblisches Votum

Die Liturgin oder der Liturg kann sich etwa mit folgenden Worten oder auch nur mit einem biblischen Votum an die Gemeinde wenden (ggf. sind neben der Namensnennung wenige Hinweise zur Person der/des Verstorbenen angebracht):

Wir sind hier zusammengekommen, um Abschied zu nehmen von [*unserer Schwester/unserem Bruder* in Christus]
______NAME______ .
Ihr/Sein Tod bringt euch, *den Angehörigen/der Familie,* und vielen von uns Trauer und Schmerz.
Als Christen glauben wir, dass der Tod nicht das Ende ist. Wir erwarten das ewige Leben. In diesem Glauben suchen wir Trost aus Gottes Wort.
Jesus Christus spricht: Kommt her zu mir, alle, die ihr mühselig und beladen seid; ich will euch erquicken.

Matthäus 11,28

oder:
Jesus Christus spricht:
In der Welt habt ihr Angst; aber seid getrost, ich habe die Welt überwunden. *Johannes 16,33b*
Wir *klagen/sind traurig* über den Tod *unserer Schwester/unseres Bruders* [in Christus] ______NAME______ .
Unser Herz ist schwer. Unsere Angst vor der Macht des Todes ist groß. Unsere Zuversicht ist erschüttert. Deshalb suchen wir Trost und Geborgenheit bei Jesus Christus, der uns auch im Leiden nicht loslässt. Er ist unsere Hoffnung.

oder:
So spricht Gott der HERR:
Fürchte dich nicht, denn ich habe dich erlöst; ich habe dich bei deinem Namen gerufen; du bist mein! *Jesaja 43,1b*

Andere biblische Voten s. S. 130 ff.
Oder eine frei formulierte Einleitung.

Lied

Psalm oder Eingangsgebet

A
Psalm

Lasst uns beten [mit den Worten des ______ Psalms]:

HERR, lehre doch mich, dass es ein Ende mit mir haben muss
und mein Leben ein Ziel hat und ich davon muss.
Siehe, meine Tage sind eine Handbreit bei dir,
und mein Leben ist wie nichts vor dir.
Ach, wie gar nichts sind alle Menschen,
die doch so sicher leben!
Sie gehen daher wie ein Schatten
und machen sich viel vergebliche Unruhe;
sie sammeln und wissen nicht, wer es kriegen wird.
Nun, Herr, wes soll ich mich trösten?
Ich hoffe auf dich.
Höre mein Gebet, HERR, und vernimm mein Schreien,
schweige nicht zu meinen Tränen;
denn ich bin ein Gast bei dir,
ein Fremdling wie alle meine Väter.

Psalm 39,5–8.13 (vgl. auch EG 722)

Andere Psalmen, s.S. 135 ff.

Der Psalm wird durch den Lobpreis oder mit einem Bittruf abgeschlossen:

Ehre sei dem Vater und
dem Sohn und dem
Heiligen Geist
wie im Anfang, so auch
jetzt und alle Zeit und
in Ewigkeit.
Gemeinde: Amen.

Ehre sei dem Vater und
dem Sohn und dem
Heiligen Geist,
wie es war im Anfang,
jetzt und immerdar und
von Ewigkeit zu Ewigkeit.
Gemeinde: Amen.

oder:
Herr, erbarme dich.
Gemeinde: Christus, erbarme dich. Herr, erbarme dich.

oder:
Heiliger Herre Gott, heiliger starker Gott,
heiliger barmherziger Heiland, du ewiger Gott:
lass uns nicht versinken in des bittern Todes Not.
Kyrie eleison.

Statt des Psalms kann ein Eingangsgebet gesprochen werden:

B
Eingangsgebet

Ewiger Gott, wir bitten dich: Stärke unseren Glauben,
dass wir auch in diesen Stunden des Leids
deine Weisheit und Liebe erkennen,

den Trost des Evangeliums erfahren
und im Vertrauen auf dich die Wege gehen,
die du uns führst.
Sei uns nahe mit deinem Geist und erfülle uns mit deinem Frieden in Jesus Christus, unserem Herrn.
Gemeinde: Amen.

Andere Eingangsgebete, s. S. 152 ff.

Lesung

Hört den Trost der Heiligen Schrift.
So steht geschrieben im Evangelium des Johannes im 14. Kapitel:

Jesus spricht zu seinen Jüngern: Euer Herz erschrecke nicht! Glaubt an Gott und glaubt an mich! In meines Vaters Hause sind viele Wohnungen. Wenn's nicht so wäre, hätte ich dann zu euch gesagt: Ich gehe hin, euch die Stätte zu bereiten? Und wenn ich hingehe, euch die Stätte zu bereiten, will ich wiederkommen und euch zu mir nehmen, auf dass auch ihr seid, wo ich bin. Und wo ich hingehe – den Weg dahin wisst ihr. Spricht zu ihm Thomas: Herr, wir wissen nicht, wo du hingehst; wie können wir den Weg wissen? Jesus spricht zu ihm: Ich bin der Weg und die Wahrheit und das Leben; niemand kommt zum Vater denn durch mich.

Johannes 14,1–6

Andere Lesungen s. S. 188 ff.

Dank sei dir, o Herr.
Gemeinde: Lob sei dir in Ewigkeit. oder: Amen.

oder:
Wort des lebendigen Gottes:
Gemeinde: Dank sei Gott.

Lied

Hier kann ein Gemeindelied oder Chorgesang oder andere Musik vorgesehen werden.

Lebenslauf

Hier kann ein Lebenslauf verlesen werden.

Predigt

Die Predigt wird über ein Schriftwort gehalten.
Anstelle der Predigt kann der Text einer Besinnung oder Predigtlektion verlesen werden, s. S. 217 ff.
Der Predigt kann – wo regional üblich – das Glaubensbekenntnis folgen, s. S. 59.

Lied

Nach dem Lied kann der Abschied eingefügt werden, s. S. 54; auch S. 222.

Gebet

Lasst uns beten:
Ewiger Gott, Herr über Lebende und Tote:
Wir beugen uns unter deinen Willen und geben
unsere Entschlafene/unseren Entschlafenen in deine Hand.

> Wir gedenken *ihrer/seiner* vor dir in der Stille.
> Stille

Wir danken dir für alles,
was du in deiner Güte an *ihr/ihm* getan hast
in guten und in schweren Zeiten.
Wir danken dir auch für alles, was *sie/er* uns gewesen ist.
Wir bitten dich:
Nimm *sie/ihn* gnädig auf
und vollende dein Werk an *ihr/ihm* in Ewigkeit.
Herr, unser Gott, du willst uns in Liebe begegnen.
Lass uns daran nicht zweifeln,
auch wenn wir dich jetzt nicht verstehen.

Wir bitten dich für alle, die um ______NAME______ trauern:
Tröste sie durch dein heiliges Wort.
Lass sie ihre Hoffnung auf dich setzen.
Stärke sie im Glauben.

Wir *befehlen/vertrauen* deiner Gnade an,
wen du als nächsten aus unserer Mitte abrufen wirst
Mach uns alle im Glauben bereit für unsere letzte Stunde.
Stärke in uns die Zuversicht,
dass du unser Leben vollenden wirst.
Darum bitten wir durch Jesus Christus, unsern Herrn.
Gemeinde: Amen.

Weitere Gebete s. S. 155 ff.

Vaterunser

Lasst uns gemeinsam [das Vaterunser] beten.
Vater unser im Himmel.
Geheiligt werde dein Name.
Dein Reich komme.
Dein Wille geschehe, wie im Himmel, so auf Erden.
Unser tägliches Brot gib uns heute.
Und vergib uns unsere Schuld,
wie auch wir vergeben unsern Schuldigern.
Und führe uns nicht in Versuchung,
sondern erlöse uns von dem Bösen.
Denn dein ist das Reich und die Kraft
und die Herrlichkeit in Ewigkeit. Amen.

Abschiedswort

Nachdem Gott, der Herr über Leben und Tod, [*unsere Schwester/unseren Bruder* in Christus] NAME
aus diesem Leben abgerufen hat, geben wir *ihren/seinen* Leib dahin, dass er Staub und Asche werde.
Gott vollende an *ihr/ihm,* was er *ihr/ihm* in der Taufe geschenkt hat, und gebe *ihr/ihm* Anteil an seiner Herrlichkeit.
Friede sei mit *ihr/ihm.**

Biblisches Votum

Unser keiner** lebt sich selber, und keiner stirbt sich selber. Leben wir, so leben wir dem Herrn; sterben wir, so sterben wir dem Herrn. Darum: wir leben oder sterben, so sind wir des Herrn. Denn dazu ist Christus gestorben und wieder lebendig geworden, dass er über Tote und Lebende Herr sei.

Römer 14,7–9

oder ein anderes biblisches Votum, s. S. 130 ff.

---

* Wo die Ordnung der Gliedkirche dies vorsieht:
Friede sei mit *ihr/ihm* von Gott, ✚ dem Vater und dem Sohn und dem Heiligen Geist.

** Andere Übersetzung:
Keiner von uns ...

Lied

Hier kann das Lied „Christ ist erstanden“ (EG 99) oder ein anderes Osterlied gesungen werden.

Vor dem Segen können ggf. Hinweise (z. B. auf die Fürbitte im nächsten Gottesdienst u. ä.) gegeben oder Mitteilungen gemacht werden.

Segen

Es segne und behüte *euch/uns* der allmächtige und barmherzige Gott, ✚ der Vater, der Sohn und der Heilige Geist.

oder:
Der Herr segne dich und behüte dich.
Der Herr lasse sein Angesicht leuchten über dir und sei dir gnädig.
Der Herr erhebe sein Angesicht auf dich und gebe dir
✚ Frieden.
Gemeinde: Amen.

Wenn der Sarg zur Einäscherung an einen anderen Ort überführt werden soll:

Lasst uns nun *die Entschlafene/den Entschlafenen* hinausgeleiten.

Am Leichenwagen:
Der Herr behüte *unseren/deinen* Ausgang und Eingang von nun an bis in Ewigkeit.
oder ein anderes biblisches Votum, s.S. 130 ff.

Gemeinde: Amen.

GOTTESDIENST ZUR BESTATTUNG

V

BEI EINER EINÄSCHERUNG

B

URNENBEISETZUNG

Wenn vor der Einäscherung kein Gottesdienst stattgefunden hat, kann er bei der Urnenbeisetzung nach der Liturgie des GOTTESDIENSTES ZUR BESTATTUNG I (s. S. 46 ff.) gehalten werden. Dann ist das Geleitwort entsprechend abzuändern.
Ist ein Gottesdienst bereits vor der Einäscherung begangen worden, kann die folgende Ordnung gebraucht werden.
Die Urnenbeisetzung kann auch von einem Mitglied des Kirchenvorstandes, einem anderen Gemeindeglied oder von einer/einem Angehörigen übernommen werden.

ÜBERSICHT

Einleitung
Biblisches Votum
Psalm
[Geleitwort]
Bestattung
Lesung
Vaterunser
Segen

LITURGIE

Einleitung

Wenn die Urne von einem Aufbahrungsort abgeholt wird und sich ein gemeinsamer Gang zur Urnenstätte anschließen soll, können am Aufbahrungsort der Friedensgruß, ein biblisches Votum (z.B. der Text der Bestattungspredigt) und ein Psalmgebet vorgesehen werden. Die Einleitung sollte nach Möglichkeit frei formuliert werden und an den Gottesdienst bei der Einäscherung erinnern.

Der Friede des Herrn sei mit euch [allen].
Gemeinde: Und mit deinem Geist. oder: Amen.

Biblisches Votum

Unsere Hilfe steht im Namen des Herrn, der Himmel und Erde gemacht hat.
oder ein anderes biblisches Votum, s. S. 130 ff.

Gebet

Wir beten [mit den Worten des ______ Psalms]:

Der HERR ist mein Hirte,
mir wird nichts mangeln.
Er weidet mich auf einer grünen Aue
und führet mich zum frischen Wasser.
Er erquicket meine Seele.
Er führet mich auf rechter Straße um seines Namens willen.
Und ob ich schon wanderte im finstern Tal,
fürchte ich kein Unglück;
denn du bist bei mir,
dein Stecken und Stab trösten mich.
Du bereitest vor mir einen Tisch
im Angesicht meiner Feinde.
Du salbest mein Haupt mit Öl
und schenkest mir voll ein.
Gutes und Barmherzigkeit werden mir folgen mein Leben lang,
und ich werde bleiben im Hause des HERRN immerdar.

Psalm 23 (EG 711)

Andere Psalmen s. S. 135 ff.
Der Psalm wird durch den Lobpreis oder mit einem Bittruf abgeschlossen:

Ehre sei dem Vater und
dem Sohn und dem
Heiligen Geist,
wie im Anfang, so auch
jetzt und alle Zeit und
in Ewigkeit.
Gemeinde: Amen.

Ehre sei dem Vater und
dem Sohn und dem
Heiligen Geist,
wie es war im Anfang,
jetzt und immerdar und
von Ewigkeit zu Ewigkeit.
Gemeinde: Amen.

oder:
Herr, erbarme dich.
Gemeinde: Christus, erbarme dich. Herr, erbarme dich.

Geleitwort

Lasst uns nun zum Acker Gottes gehen und die Urne [*unserer Schwester/unseres Bruders*] zur Ruhestätte bringen.

Bestattung

Vor Gott denken wir an [*unsere Schwester/unseren Bruder* in Christus] ______ NAME ______ und legen *ihre/seine* Asche in Gottes Acker.

unter dreimaligem Erdwurf:

Erde zu Erde,
Asche zu Asche,
Staub zum Staube.

Wenn nur eine kleine Gruppe um die Urnenstätte versammelt ist, können alle den Erdwurf vornehmen, bevor die Liturgin/der Liturg die Bestattung mit den folgenden Worten beschließt:

Wir befehlen *unsere Schwester/unseren Bruder* der Liebe Gottes.

Lesung

Jesus Christus spricht:
Ich bin die Auferstehung und das Leben. Wer an mich glaubt, der wird leben, ob er gleich stürbe; und wer da lebt und glaubt an mich, der wird nimmermehr sterben.

Johannes 11,25–26a

oder:

Also* hat Gott die Welt geliebt, dass er seinen eingeborenen Sohn gab, auf dass alle, die an ihn glauben, nicht verloren werden, sondern das ewige Leben haben.

Johannes 3,16

oder eine andere Lesung, s. S. 188 ff.

An dieser Stelle kann, wenn es nicht zuvor bereits geschehen ist, an den Text der Bestattungspredigt erinnert werden.

Stille für das Gedenken und Beten

---

* Andere Übersetzung:
So sehr …

Vaterunser

Lasst uns [das Vaterunser] beten.
Vater unser im Himmel.
Geheiligt werde dein Name.
Dein Reich komme.
Dein Wille geschehe, wie im Himmel, so auf Erden.
Unser tägliches Brot gib uns heute.
Und vergib uns unsere Schuld,
wie auch wir vergeben unsern Schuldigern.
Und führe uns nicht in Versuchung,
sondern erlöse uns von dem Bösen.
Denn dein ist das Reich und die Kraft
und die Herrlichkeit in Ewigkeit. Amen.

Segen

Es segne und behüte *euch/uns* der allmächtige und barmherzige Gott, ✚ der Vater, der Sohn und der Heilige Geist.
Gemeinde: Amen.

GOTTESDIENST ZUR BESTATTUNG

VI
GEDENKGOTTESDIENST

Wenn ein Begräbnis oder eine Einäscherung bzw. die Beisetzung ohne einen öffentlichen Gottesdienst vorgenommen worden ist, kann zu einem späteren Zeitpunkt und an einem anderen Ort ein Gedenkgottesdienst begangen werden.
Der Gedenkgottesdienst kann auch begangen werden, wenn die Beisetzung an einem anderen Ort erfolgen soll. Schließlich ist der Gedenkgottesdienst geeignet, wenn eine Bestattung nicht vorgenommen werden kann (z.B. nach Schiffskatastrophen oder wenn der Leichnam der Anatomie zur Verfügung gestellt wird).

Für diesen Gedenkgottesdienst wird die Liturgie des Gottesdienstes zur Bestattung I (s. S. 46 ff.) vorgeschlagen.
Dazu ist die Einleitung dem Anlass gemäß zu formulieren; Geleitwort und Bestattung entfallen.
Der Gedenkgottesdienst kann auch der Liturgie des Gottesdienstes zur Bestattung III, Teil: In der Kirche/Kapelle, folgen, wenn er durch [Musik,] Friedensgruß, Einleitung und Gebet eröffnet wird.

ÜBERSICHT

[Musik]
Friedensgruß
Einleitung/Biblisches Votum
Lied
Psalm oder Eingangsgebet
Lesung
[Lied/Lebenslauf]
Predigt
Lied
Gebet
[Glaubensbekenntnis]
Lesung
Vaterunser
Schlussgebet
[Lied]
Segen

FÜRBITTE IM GEMEINDEGOTTESDIENST

A
ABKÜNDIGUNG UND FÜRBITTE

Abkündigung

Aus diesem Leben *wurde/wurden* abgerufen [*unsere Schwester/unser Bruder* in Christus/*das Kind*] ______ NAME ______
Sie/Er ist am ... gestorben im Alter von ... Jahren. Wir haben *sie/er* am ... bestattet.
Gott nehme *sie/ihn* in Gnaden an. Er tröste die Trauernden. Er lehre uns alle unser Ende bedenken und stärke unsere Hoffnung auf das ewige Leben.

oder:
Wir denken an unser Gemeindeglied ______ NAME ______.
Hier folgen wenige Hinweise zur Person.

Sie/Er starb im Alter von ... Jahren. Wir haben *sie/ihn* begraben und dabei auf das Wort gehört:
Hier kann der Predigttext des Bestattungsgottesdienstes eingefügt werden.

In der Fürbitte nennen wir *ihren/seinen* Namen vor Gott und beten für *sie/ihn* und *ihre/seine* Angehörigen.

Einschub ins Fürbittengebet

Im Fürbittengebet soll der verstorbenen Gemeindeglieder mit Namensnennung gedacht werden.

Nimm *unser entschlafenes Gemeindeglied/unsere entschlafenen Gemeindeglieder* ______ NAME ______ in Gnaden an. Hilf den Trauernden, höre ihre Klage, richte sie auf und tröste sie durch den Glauben an unseren auferstandenen Herrn Jesus Christus.

B

Am Gedenktag der Entschlafenen

Das Gedenken an die Entschlafenen eines Jahres wird traditionell am Ewigkeitssonntag begangen. Zunehmend findet es seinen Ort inzwischen auch in Gottesdiensten zum Schluss des Kalenderjahres (Jahresschlussgottesdienst oder -andacht). In manchen Orten und Regionen sind noch andere Tage üblich.
Im Gottesdienstverlauf sind mehrere Orte für das Gedenken möglich:

1. Soll die Grundstimmung der hinterbliebenen Angehörigen möglichst bald aufgenommen werden, empfiehlt es sich, die Namen gleich *zu Beginn des Gottesdienstes* (nach Gruß und Einleitung) vorzulesen.

2. Das Verlesen der Namen kann auch mit Anrufungen verbunden werden; dann ist das *Kyrie* ein geeigneter Ort.
3. Soll das Gedenken mit Fürbitten verbunden werden, ist es *vor dem Fürbittengebet* (nach dem Predigtlied) vorzusehen.

Beim Verlesen der Namen können Helferinnen und Helfer aus dem Kirchenvorstand oder auch der ganzen Gemeinde kleine Osterkerzen an der Osterkerze entzünden und dadurch das Gedenken an die im Herrn Entschlafenen sichtbar gestalten. Es ist ratsam, eine größere Anzahl von Namen nicht en bloc zu verlesen, sondern nach etwa fünf oder sieben Namen durch ein biblisches Votum oder einen gesungenen Gebetsruf (z. B. Da pacem domine oder das Kyrie, s. EG 178, 789.6) die Reihe zu unterbrechen.
Das Gedenken zu Beginn des Gottesdienstes wird mit einem Gebet beschlossen, das gleichermaßen die Fürbitte für die Verstorbenen und Hinterbliebenen sowie den Dank für empfangenen Trost und Stärkung in Glauben und Hoffnung enthält.

Ewiger Gott:
Gedenke unserer Entschlafenen, die wir geliebt haben und lieben.
Gedenke unserer verstorbenen Mütter und Väter, Töchter und Söhne, Schwestern und Brüder, Freundinnen und Freunde, die wir nicht vergessen können.
Gedenke unserer Toten, die wir dir anvertraut haben.
Wir danken dir, dass du uns in Trauer und Leid beistehst und uns tröstest.
Wir danken dir, dass uns auch der Tod nicht aus deiner Hand reißen kann.

Wir hoffen auf dich.
Erbarme dich aller, die keinen Trost gefunden haben.
Sei ihnen nahe mit deiner Güte und lass uns allen das Licht der Auferstehung leuchten.
Durch Jesus Christus, deinen lieben Sohn, unsern Herrn.
Gemeinde: Amen.

oder:
Die Verlesung der Namen wird mit Gebetsruf und biblischem Votum (s. S. 130 ff.) abgeschlossen:

Der Herr lasse sie ruhen in Frieden.
Gemeinde: Und das ewige Licht leuchte ihnen.

Christus spricht:
Ich bin die Auferstehung und das Leben. Wer an mich glaubt, der wird leben, ob er gleich stürbe; und wer da lebt und glaubt an mich, der wird nimmermehr sterben.

Johannes 11,25–26a

Stille

Lied

Nun kann die Gemeinde eine Liedstrophe aus einem Osterlied singen, z. B.: „Jesus Christus, unser Heiland" (EG 102) oder „Wir danken dir, Herr Jesu Christ" (EG 107) oder „Jesus lebt" (EG 115).

DIE FEIER DES HEILIGEN ABENDMAHLS IM GOTTESDIENST ZUR BESTATTUNG

Die nachstehende Liturgie kann in den Gottesdienst zur Bestattung III, S. 82, eingefügt werden.

Vorbereitung

Während eines Liedes werden die Vorbereitungen für die Abendmahlsfeier getroffen.

Präfation

Der Herr sei mit euch
Gemeinde: und mit deinem Geist.

Erhebet eure Herzen.
Gemeinde: Wir erheben sie zum Herrn.

Lasst uns Dank sagen dem Herrn, unserm Gott.
Gemeinde: Das ist würdig und recht.

Wahrhaft würdig ist es und recht,
dass wir dich Herr, heiliger Vater, allmächtiger Gott,
zu allen Zeiten und an allen Orten loben und dir danken
durch unsern Herrn, Jesus Christus.

Durch ihn, den Anfänger und Vollender des Glaubens,
haben wir Zuversicht am Tage des Gerichts und hoffen
auf die Vollendung in Herrlichkeit.

oder:
Durch ihn haben wir, die wir vom Tod umfangen sind,
die Verheißung des ewigen Lebens,
zu dem er am Tag des Gerichts erwecken wird
alle, die an ihn glauben.

oder:
Ihn hast du der Welt zum Heil gesandt. Durch seinen Tod und seine Auferstehung hat er unseren Tod überwunden. Und in ihm haben wir die Hoffnung, dass wir auferstehen zum ewigen Leben.

Darum preisen wir dich mit allen, die uns vorausgegangen sind im Glauben, und singen mit ihnen das Lob deiner Herrlichkeit:
Weitere Präfationen s. S. 212 f.

Sanctus

Heilig, heilig, heilig ist Gott, der Herr Zebaoth, alle Lande sind seiner Ehre voll. Hosianna in der Höhe. Gelobet sei, der da kommt im Namen des Herrn. Hosianna in der Höhe.

Heilig, heilig, heilig, Gott, Herr aller Mächte und Gewalten.
Erfüllt sind Himmel und Erde von deiner Herrlichkeit. Hosianna in der Höhe.
Hochgelobt sei, der da kommt im Namen des Herrn.
Hosianna in der Höhe.

Einsetzungsworte mit Abendmahlsgebet

Herr, unser Gott, deine Liebe durchbricht auch die Mauern des Todes.
Durch das Sterben und Auferstehen deines lieben Sohnes, unseres Herrn Jesus Christus,
hast du das Leben ans Licht gebracht und rettest alle, die an ihn glauben.
Er ist unser Trost und unsere Hoffnung.

In der Nacht, da er verraten ward, nahm er das Brot, dankte und brach's und gab's seinen Jüngern und sprach: Nehmet hin und esset; das ist ✚ mein Leib, der für euch gegeben wird.
Solches tut zu meinem Gedächtnis.

Ebenso nahm er auch den Kelch nach dem Abendmahl,
dankte und gab ihnen den und sprach:
Nehmet hin und trinket alle daraus,
dieser Kelch ist das Neue Testament in ✚ meinem Blut, das für euch vergossen wird zur Vergebung der Sünden. Solches tut, so oft ihr's trinket, zu meinem Gedächtnis.

Gemeinde: Deinen Tod, o Herr verkünden wir, und deine Auferstehung preisen wir, bis du kommst in Herrlichkeit.

So gedenken wir, Vater, deines Sohnes Jesus Christus,
der sein Leben für uns alle dahingegeben hat,
und seiner Auferweckung vom Tod.
Sende uns deinen Heiligen Geist,
dass wir im Glauben seinen Leib und sein Blut empfangen und getröstet werden.
Mit allen, die uns im Glauben vorausgegangen sind,
warten wir, Gott, auf deinen Tag.

Maranatha. Unser Herr kommt.
Gemeinde: Amen [, ja komm, Herr Jesus].
oder:
Dir sei Ehre in Ewigkeit. Gemeinde: Amen.

Vaterunser

Vater unser im Himmel.
Geheiligt werde dein Name.
Dein Reich komme.
Dein Wille geschehe, wie im Himmel, so auf Erden.
Unser tägliches Brot gib uns heute.
Und vergib uns unsere Schuld,
wie auch wir vergeben unsern Schuldigern.
Und führe uns nicht in Versuchung,
sondern erlöse uns von dem Bösen.
Denn dein ist das Reich und die Kraft
und die Herrlichkeit in Ewigkeit.
Amen.

Friedensgruss

Der Friede des Herrn sei mit euch allen
Gemeinde: und mit deinem Geist. oder: Amen.

Agnus Dei

Austeilung

Dankgebet

Lasst uns beten:
Ewiger Gott, Herr über Tod und Leben,
dein Sohn hat dem Tode die Macht genommen
und uns das Brot des Lebens gegeben;
lass uns mit allen Gläubigen am Jüngsten Tag auferstehen
zur ewigen Freude.
Durch unsern Herrn Jesus Christus, deinen Sohn,
der mit dir und dem Heiligen Geist
lebt und regiert von Ewigkeit zu Ewigkeit.
Gemeinde: Amen.

Weitere Dankgebete s. S. 215 f.

oder: „Wir danken dir, Herr Jesu Christ" (EG 107)
oder: „Jesus lebt" (EG 115)

TEXTE ZUR AUSWAHL

Biblische Voten

Dein, Herr, ist die Majestät und Gewalt, Herrlichkeit, Sieg und Hoheit. Denn alles, was im Himmel und auf Erden ist, das ist dein. Denn wir sind Fremdlinge und Gäste vor dir wie unsere Väter alle.
Unser Leben auf Erden ist wie ein Schatten und bleibet nicht. *1. Chronik 29,11a.15*

*

Gott ist unsre Zuversicht und Stärke,
eine Hilfe in den großen Nöten, die uns getroffen haben.
So spricht der Herr:
Seid stille und erkennet, dass ich Gott bin! *Psalm 46,2.11a*

*

Gelobt sei der Herr täglich.
Gott legt uns eine Last auf, aber er hilft uns auch.
Wir haben einen Gott, der da hilft,
und den Herrn, einen Herrn, der vom Tode errettet.
Psalm 68,20–21

*

Ein Mensch ist in seinem Leben wie Gras,
er blüht wie eine Blume auf dem Felde;
wenn der Wind darüber geht, so ist sie nimmer da,
und ihre Stätte kennet sie nicht mehr.
Die Gnade aber des HERRN
währt von Ewigkeit zu Ewigkeit
über denen, die ihn fürchten. *Psalm 103,15–17a*

*

So spricht Gott, der HERR:
Fürchte dich nicht, denn ich habe dich erlöst; ich habe dich bei deinem Namen gerufen; du bist mein! *Jesaja 43,1*

*

Es sollen wohl Berge weichen und Hügel hinfallen,
aber meine Gnade soll nicht von dir weichen,
und der Bund meines Friedens soll nicht hinfallen,
spricht der HERR, dein Erbarmer. *Jesaja 54,10*

*

Kommt, wir wollen wieder zum HERRN;
denn er hat uns zerrissen, er wird uns auch heilen,
er hat uns geschlagen, er wird uns auch verbinden.
Hosea 6,1

*

Gelobt sei Gott, der Vater unseres Herrn Jesus Christus, der Vater der Barmherzigkeit und Gott allen Trostes, der uns tröstet in aller unserer Bedrängnis.

2. Korinther 1,3–4a

*

Gott, dem König aller Könige und Herrn aller Herren, der allein Unsterblichkeit hat, der da wohnt in einem Licht, zu dem niemand kommen kann,
dem sei Ehre und ewige Macht! *1. Timotheus 6,*15b–16*

*

Jesus Christus hat dem Tode die Macht genommen und das Leben und ein unvergängliches Wesen ans Licht gebracht durch das Evangelium. *2. Timotheus 1,*10*

Advent bis Epiphanias:

Das Volk, das im Finstern wandelt, sieht ein großes Licht, und über denen, die da wohnen im finstern Lande, scheint es hell. *Jesaja 9,1*

*

Durch die herzliche Barmherzigkeit unseres Gottes, durch die uns besuchen wird das aufgehende Licht aus der Höhe, auf dass es erscheine denen, die sitzen in Finsternis und Schatten des Todes, und richte unsere Füße auf den Weg des Friedens. *Lukas 1,78–79*

*

Seht auf und erhebt eure Häupter,
weil sich eure Erlösung naht. *Lukas 21,28b*

Ostern bis Pfingsten:

Gelobt sei Gott, der Vater unseres Herrn Jesus Christus, der uns nach seiner großen Barmherzigkeit wiedergeboren hat zu einer lebendigen Hoffnung durch die Auferstehung Jesu Christi von den Toten. *1. Petrus 1,3*

*

Jesus Christus spricht: Fürchte dich nicht!
Ich bin der Erste und der Letzte und der Lebendige.
Ich war tot, und siehe, ich bin lebendig von Ewigkeit zu Ewigkeit und habe die Schlüssel des Todes und der Hölle.

Offenbarung 1,17c.18

*

Gott hat den Heiligen Geist über uns reichlich ausgegossen durch Jesus Christus, unsern Heiland, damit wir, durch dessen Gnade gerecht geworden, Erben* seien nach der Hoffnung auf ewiges Leben.

Titus 3,6–7

Ende des Kirchenjahres:

Ich bin das A und das O, der Anfang und das Ende, spricht Gott der Herr,
der da ist und der da war und der da kommt, der Allmächtige. *Offenbarung 1,8; vgl. 21,6*

*

Jesus Christus spricht:
Selig sind, die da Leid tragen; denn sie sollen getröstet werden. *Matthäus 5,4*

---

* Andere Übersetzung:
Erben des ewigen Lebens würden nach unserer Hoffnung.

Psalmen

Die Psalmen sind im EG z. T. in anderer Versauswahl abgedruckt. Wenn die Versauswahl nicht übereinstimmt, ist das im Folgenden durch den Hinweis „vgl. auch“ gekennzeichnet.

Psalm 16

Bewahre mich, Gott; denn ich traue auf dich.
Ich weiß von keinem Gut außer dir.
  Denn du wirst meine Seele nicht dem Tode lassen.
  Du tust mir kund den Weg zum Leben:
Vor dir ist Freude die Fülle
und Wonne zu deiner Rechten ewiglich.

Psalm 16,1.2b.10a.11

Psalm 17

Ich rufe zu dir, denn du, Gott, wirst mich erhören;
neige deine Ohren zu mir, höre meine Rede!
  Beweise deine wunderbare Güte,
  du Heiland derer, die Zuflucht suchen.
Behüte mich wie einen Augapfel im Auge,
beschirme mich unter dem Schatten deiner Flügel.
  Ich aber will schauen dein Antlitz in Gerechtigkeit,
  ich will satt werden, wenn ich erwache, an deinem Bilde.

Psalm 17,6–7a.8.15

Psalm 23

Der HERR ist mein Hirte,
mir wird nichts mangeln.
Er weidet mich auf einer grünen Aue
und führet mich zum frischen Wasser.
Er erquicket meine Seele.
Er führet mich auf rechter Straße um seines Namens willen.
Und ob ich schon wanderte im finstern Tal,
fürchte ich kein Unglück;
denn du bist bei mir,
dein Stecken und Stab trösten mich.
Du bereitest vor mir einen Tisch
im Angesicht meiner Feinde.
Du salbest mein Haupt mit Öl
und schenkest mir voll ein.
Gutes und Barmherzigkeit werden mir folgen mein Leben lang,
und ich werde bleiben im Hause des HERRN immerdar.

Psalm 23 (EG 711)

Psalm 25

Nach dir, HERR, verlangt mich.
Mein Gott, ich hoffe auf dich;
lass mich nicht zuschanden werden.
Denn keiner wird zuschanden, der auf dich harret.
HERR, zeige mir deine Wege
und lehre mich deine Steige!

Leite mich in deiner Wahrheit und lehre mich!
Denn du bist der Gott, der mir hilft;
täglich harre ich auf dich.
Wende dich zu mir und sei mir gnädig;
denn ich bin einsam und elend.
Die Angst meines Herzens ist groß;
führe mich aus meinen Nöten!
Sieh an meinen Jammer und mein Elend
und vergib mir alle meine Sünden!
Bewahre meine Seele und errette mich;
lass mich nicht zuschanden werden, denn ich traue auf dich!

Psalm 25 in Auswahl (vgl. auch EG 713)

Psalm 27

Der HERR ist mein Licht und mein Heil;
vor wem sollte ich mich fürchten?
Der HERR ist meines Lebens Kraft;
vor wem sollte mir grauen?
HERR, höre meine Stimme, wenn ich rufe;
sei mir gnädig und antworte mir!
Mein Herz hält dir vor dein Wort:
„Ihr sollt mein Antlitz suchen."
Darum suche ich auch, HERR, dein Antlitz.
Verbirg dein Antlitz nicht vor mir
und tu die Hand nicht von mir ab, du Gott meines Heils!
Ich glaube aber doch, dass ich sehen werde
die Güte des HERRN im Lande der Lebendigen.

Psalm 27,1–13 in Auswahl (vgl. auch EG 714)

Psalm 31

HERR, auf dich traue ich,
lass mich nimmermehr zuschanden werden,
errette mich durch deine Gerechtigkeit!
Neige deine Ohren zu mir, hilf mir eilends!
Sei mir ein starker Fels und eine Burg, dass du mir helfest!
Denn du bist mein Fels und meine Burg,
und um deines Namens willen wollest du mich leiten und führen.
In deine Hände befehle ich meinen Geist;
du hast mich erlöst, HERR, du treuer Gott.
Ich freue mich und bin fröhlich über deine Güte,
dass du mein Elend ansiehst und kennst die Not meiner Seele
und übergibst mich nicht in die Hände des Feindes;
du stellst meine Füße auf weiten Raum.
Ich aber, HERR, hoffe auf dich und spreche: Du bist mein Gott!
Meine Zeit steht in deinen Händen.

Psalm 31 in Auswahl (vgl. auch EG 716)

Psalm 39

HERR, lehre doch mich,
dass es ein Ende mit mir haben muss
und mein Leben ein Ziel hat und ich davon muss.

Siehe, meine Tage sind eine Handbreit bei dir,
und mein Leben ist wie nichts vor dir.
Ach, wie gar nichts sind alle Menschen,
die doch so sicher leben!
Nun, Herr, wes soll ich mich trösten?
Ich hoffe auf dich. *aus Psalm 39 (vgl. auch EG 722)*

Psalm 42

Wie der Hirsch schreit nach frischem Wasser,
so schreit meine Seele, Gott, zu dir.
Meine Seele dürstet nach Gott,
nach dem lebendigen Gott.
Wann werde ich dahin kommen,
dass ich Gottes Angesicht schaue?
Meine Tränen sind meine Speise Tag und Nacht,
weil man täglich zu mir sagt: Wo ist nun dein Gott?
Daran will ich denken
und ausschütten mein Herz bei mir selbst:
wie ich einherzog in großer Schar,
mit ihnen zu wallen zum Hause Gottes
mit Frohlocken und Danken
in der Schar derer, die da feiern.
Was betrübst du dich, meine Seele,
und bist so unruhig in mir?
Harre auf Gott, denn ich werde ihm noch danken,
dass er mir hilft mit seinem Angesicht.

Psalm 42,2–6 (EG 723)

Psalm 71

HERR, ich traue auf dich,
lass mich nimmermehr zuschanden werden.
Errette mich durch deine Gerechtigkeit
und hilf mir heraus,
neige deine Ohren zu mir und hilf mir!
Denn du bist meine Zuversicht, HERR, mein Gott,
meine Hoffnung von meiner Jugend an.
Verwirf mich nicht in meinem Alter,
verlass mich nicht, wenn ich schwach werde.
Gott, sei nicht ferne von mir;
mein Gott, eile, mir zu helfen!
Du lässest mich erfahren viel Angst und Not
und machst mich wieder lebendig
und holst mich wieder herauf
aus den Tiefen der Erde.
Du machst mich sehr groß
und tröstest mich wieder.

Psalm 71 in Auswahl (vgl. auch EG 732)

Psalm 73

Dennoch bleibe ich stets an dir;
denn du hältst mich bei meiner rechten Hand,
du leitest mich nach deinem Rat
und nimmst mich am Ende mit Ehren an.
Wenn ich nur dich habe,
so frage ich nichts nach Himmel und Erde.
Wenn mir gleich Leib und Seele verschmachtet, so bist du doch, Gott, allezeit meines Herzens Trost und mein Teil.

Aber das ist meine Freude, dass ich mich zu Gott halte
und meine Zuversicht setze auf Gott den HERRN,
dass ich verkündige all dein Tun.

Psalm 73,23–26.28 (EG 733)

Psalm 77

Ich rufe zu Gott und schreie um Hilfe,
zu Gott rufe ich, und er erhört mich.
In der Zeit meiner Not suche ich den Herrn;
meine Hand ist des Nachts ausgereckt und lässt nicht ab;
denn meine Seele will sich nicht trösten lassen.
Wird denn der Herr auf ewig verstoßen
und keine Gnade mehr erweisen?
Ist‘s denn ganz und gar aus mit seiner Güte,
und hat die Verheißung für immer ein Ende?
Hat Gott vergessen, gnädig zu sein,
hat er sein Erbarmen im Zorn verschlossen?
Ich sprach: Darunter leide ich,
dass die rechte Hand des Höchsten sich so ändern kann.
Darum gedenke ich an die Taten des HERRN,
ja, ich gedenke an deine früheren Wunder
und sinne über alle deine Werke
und denke deinen Taten nach.
Gott, dein Weg ist heilig.
Wo ist ein so mächtiger Gott, wie du, Gott, bist?

Psalm 77,2–3.8–14

Psalm 90

Herr, du bist unsre Zuflucht für und für.
Ehe denn die Berge wurden
und die Erde und die Welt geschaffen wurden,
bist du, Gott, von Ewigkeit zu Ewigkeit.
  Der du die Menschen lässest sterben
  und sprichst: Kommt wieder, Menschenkinder!
Denn tausend Jahre sind vor dir
wie der Tag, der gestern vergangen ist,
und wie eine Nachtwache.
  Du lässest sie dahinfahren wie einen Strom,
  sie sind wie ein Schlaf,
  wie ein Gras, das am Morgen noch sprosst,
  und des Abends welkt und verdorrt.
Das macht dein Zorn, dass wir so vergehen,
und dein Grimm, dass wir so plötzlich dahinmüssen.
  Denn unsre Missetaten stellst du vor dich,
  unsre unerkannte Sünde ins Licht vor deinem Angesicht.
Darum fahren alle unsere Tage dahin durch deinen Zorn,
wir bringen unsre Jahre zu wie ein Geschwätz.
  Unser Leben währet siebzig Jahre,
  und wenn's hoch kommt, so sind's achtzig Jahre,
und was daran köstlich scheint,
ist doch nur vergebliche Mühe;
denn es fähret schnell dahin, als flögen wir davon.
  Wer glaubt's aber, dass du so sehr zürnest,
  und wer fürchtet sich vor dir in deinem Grimm?

Lehre uns bedenken, dass wir sterben müssen,
auf dass wir klug werden.
  Herr, kehre dich doch endlich wieder zu uns
  und sei deinen Knechten gnädig!
Fülle uns frühe mit deiner Gnade,
so wollen wir rühmen und fröhlich sein unser Leben lang.
  Erfreue uns nun wieder, nachdem du uns so lange plagest,
  nachdem wir so lange Unglück leiden.
Zeige deinen Knechten deine Werke
und deine Herrlichkeit ihren Kindern.
  Und der Herr, unser Gott, sei uns freundlich
  und fördere das Werk unsrer Hände bei uns.
  Ja, das Werk unsrer Hände wollest du fördern!

Psalm 90 (EG 735)

Psalm 102

Herr, höre mein Gebet
und lass mein Schreien zu dir kommen!
  Verbirg dein Antlitz nicht vor mir in der Not, neige deine Ohren zu mir;
  wenn ich dich anrufe, so erhöre mich bald!
Mein Herz ist geschlagen und verdorrt wie Gras,
  dass ich vergesse, mein Brot zu essen.
  Meine Tage sind dahin wie ein Schatten,
  und ich verdorre wie Gras.

Du aber, HERR, bleibst ewiglich
und dein Name für und für.
  Du hast vorzeiten die Erde gegründet,
  und die Himmel sind deiner Hände Werk.
Sie werden vergehen, du aber bleibst;
sie werden alle veralten wie ein Gewand;
  wie ein Kleid wirst du sie wechseln,
  und sie schwinden dahin.
Du aber bleibst, wie du bist,
und deine Jahre nehmen kein Ende.

Psalm 102 in Auswahl (vgl. auch EG 741)

Psalm 103

Lobe den HERRN, meine Seele,
und was in mir ist, seinen heiligen Namen!
  Lobe den HERRN, meine Seele,
  und vergiss nicht, was er dir Gutes getan hat:
der dir alle deine Sünde vergibt
und heilet alle deine Gebrechen,
  der dein Leben vom Verderben erlöst,
  der dich krönet mit Gnade und Barmherzigkeit.
Barmherzig und gnädig ist der HERR,
geduldig und von großer Güte.
  Er wird nicht für immer hadern
  noch ewig zornig bleiben.
Er handelt nicht mit uns nach unsern Sünden
und vergilt uns nicht nach unsrer Missetat.

Denn so hoch der Himmel über der Erde ist,
lässt er seine Gnade walten über denen, die ihn fürchten.
So fern der Morgen ist vom Abend,
lässt er unsre Übertretungen von uns sein.
Wie sich ein Vater über Kinder erbarmt,
so erbarmt sich der HERR über die, die ihn fürchten.
Denn er weiß, was für ein Gebilde wir sind;
er gedenkt daran, dass wir Staub sind.
Ein Mensch ist in seinem Leben wie Gras,
er blüht wie eine Blume auf dem Felde;
wenn der Wind darüber geht, so ist sie nimmer da,
und ihre Stätte kennet sie nicht mehr.
Die Gnade aber des HERRN währt von Ewigkeit zu Ewigkeit
über denen, die ihn fürchten,
und seine Gerechtigkeit auf Kindeskind
bei denen, die seinen Bund halten
und gedenken an seine Gebote,
dass sie danach tun. *Psalm 103,1–4.8–18 (vgl. auch EG 742)*

Psalm 116

Das ist mir lieb,
dass der HERR, meine Stimme und mein Flehen hört.
Denn er neigte sein Ohr zu mir;
darum will ich mein Leben lang ihn anrufen.
Stricke des Todes hatten mich umfangen,
des Totenreichs Schrecken hatten mich getroffen;

ich kam in Jammer und Not.
Aber ich rief an den Namen des HERRN:
Ach, HERR, errette mich!
Der HERR ist gnädig und gerecht,
und unser Gott ist barmherzig.
[Der HERR behütet die Unmündigen;
wenn ich schwach bin, so hilft er mir.]
Ich werde wandeln vor dem HERRN
im Lande der Lebendigen.
Ich glaube, auch wenn ich sage:
Ich werde sehr geplagt.
Wie soll ich dem HERRN vergelten
all seine Wohltat, die er an mir tut?
Der Tod seiner Heiligen
wiegt schwer vor dem HERRN.
Ach, HERR, ich bin dein Knecht,
du hast meine Bande zerrissen.
Dir will ich Dankopfer bringen
und des HERRN Namen anrufen.

Psalm 116,1–[6]17 in Auswahl (vgl. auch EG 746)

Psalm 118

Der HERR ist meine Macht und mein Psalm
und ist mein Heil.
Man singt mit Freuden vom Sieg in den Hütten der Gerechten:
Die Rechte des HERRN behält den Sieg!

Die Rechte des HERRN ist erhöht;
die Rechte des HERRN behält den Sieg!
Ich werde nicht sterben, sondern leben
und des HERRN Werke verkündigen.
Der HERR züchtigt mich schwer;
aber er gibt mich dem Tode nicht preis.
Tut mir auf die Tore der Gerechtigkeit,
dass ich durch sie einziehe und dem HERRN danke.
Das ist das Tor des HERRN;
die Gerechten werden dort einziehen.
Ich danke dir, dass du mich erhört hast
und hast mir geholfen.
Der Stein, den die Bauleute verworfen haben,
ist zum Eckstein geworden.
Das ist vom Herrn geschehen
und ist ein Wunder vor unsern Augen.

Psalm 118,14–23 (vgl. auch EG 747)

Psalm 121

Ich hebe meine Augen auf zu den Bergen.
Woher kommt mir Hilfe?
Meine Hilfe kommt vom HERRN,
der Himmel und Erde gemacht hat.
Er wird deinen Fuß nicht gleiten lassen,
und der dich behütet, schläft nicht.
Siehe, der Hüter Israels
schläft noch schlummert nicht.

Der HERR behütet dich,
der HERR ist dein Schatten über deiner rechten Hand,
dass dich des Tages die Sonne nicht steche
noch der Mond des Nachts.
Der HERR behüte dich vor allem Übel,
er behüte deine Seele.
Der HERR behüte deinen Ausgang und Eingang
von nun an bis in Ewigkeit! *Psalm 121 (EG 749)*

Psalm 126

Wenn der HERR die Gefangenen Zions erlösen wird,
so werden wir sein wie die Träumenden.
Dann wird unser Mund voll Lachens
und unsre Zunge voll Rühmens sein.
Da wird man sagen unter den Völkern:
Der HERR hat Großes an ihnen getan!
Der HERR hat Großes an uns getan;
des sind wir fröhlich.
Die mit Tränen säen,
werden mit Freuden ernten.
Sie gehen hin und weinen
und tragen guten Samen
und kommen mit Freuden
und bringen ihre Garben.

Psalm 126,1–3.5–6 (vgl. auch EG 750)

Psalm 139

HERR, du erforschest mich und kennest mich.
Ich sitze oder stehe auf, so weißt du es;
du verstehst meine Gedanken von ferne.
Ich gehe oder liege, so bist du um mich
und siehst alle meine Wege.
Von allen Seiten umgibst du mich
und hältst deine Hand über mir.
Wohin soll ich gehen vor deinem Geist,
und wohin soll ich fliehen vor deinem Angesicht?
Führe ich gen Himmel, so bist du da;
bettete ich mich bei den Toten, siehe, so bist du auch da.
Nähme ich Flügel der Morgenröte
und bliebe am äußersten Meer,
so würde auch dort deine Hand mich führen
und deine Rechte mich halten.
Spräche ich: Finsternis möge mich decken
und Nacht statt Licht um mich sein –,
so wäre auch Finsternis nicht finster bei dir,
und die Nacht leuchtete wie der Tag. Finsternis ist wie das Licht.
Ich danke dir dafür, dass ich wunderbar gemacht bin;
wunderbar sind deine Werke;
das erkennt meine Seele.
Deine Augen sahen mich,
da ich noch nicht bereitet war,

und alle Tage waren in dein Buch geschrieben,
die noch werden sollten und von denen keiner da war.
Aber wie schwer sind für mich, Gott, deine Gedanken!
Wie ist ihre Summe so groß!
Wollte ich sie zählen, so wären sie mehr als der Sand:
Wenn ich aufwache, bin ich noch immer bei dir.
Erforsche mich, Gott, und erkenne mein Herz;
prüfe mich und erkenne, wie ich's meine.
Und sieh, ob ich auf bösem Wege bin,
und leite mich auf ewigem Wege.

Psalm 139 in Auswahl (vgl. auch EG 754)

Lied Hiskias, des Königs von Juda (Gebet für schweres Sterben)

Ich sprach: In der Mitte meines Lebens muss ich dahinfahren, zu des Totenreiches Pforten bin ich befohlen für den Rest meiner Jahre.
Meine Hütte ist abgebrochen
und über mir weggenommen wie eines Hirten Zelt.
Zu Ende gewebt hab ich mein Leben wie ein Weber;
er schneidet mich ab vom Faden.
Tag und Nacht gibst du mich preis;
bis zum Morgen schreie ich um Hilfe.
Meine Augen sehen verlangend nach oben:
Herr, ich leide Not, tritt für mich ein!
Was soll ich reden und was ihm sagen?
Er hat's getan!
Siehe, um Trost war mir sehr bange.
Du aber hast dich meiner Seele herzlich angenommen,
dass sie nicht verdürbe;

denn du wirfst alle meine Sünden
hinter dich zurück. *Jesaja 38,10–17 in Auswahl*

Klagelied

Die Güte des HERRN ist's, dass wir nicht gar aus sind,
seine Barmherzigkeit hat noch kein Ende, sondern
sie ist alle Morgen neu,
und deine Treue ist groß.
Der HERR ist mein Teil, spricht meine Seele;
darum will ich auf ihn hoffen.
Denn der HERR ist freundlich dem, der auf ihn harrt,
und dem Menschen, der nach ihm fragt.
Es ist ein köstlich Ding, geduldig sein
und auf die Hilfe des HERRN hoffen.
Denn der Herr verstößt nicht ewig;
sondern er betrübt wohl und erbarmt sich wieder
nach seiner großen Güte. *Klagelieder 3,22–26.31–32*

Eingangsgebete

1

Herr, unser Gott, die Wege, die du mit uns gehst, sind uns verborgen, und wir begreifen sie nicht.
Aber du kennst unsere Trauer und unsere Ratlosigkeit.
Darum bringen wir vor dich, was uns in dieser Stunde bewegt.
Tröste uns durch dein Wort. Mach uns deiner Liebe gewiss, damit wir getrost die Wege weitergehen können,
die du uns führen willst.
Darum bitten durch Jesus Christus, unsern Herrn.

2

Herr Jesus Christus, du Überwinder des Todes,
wir bitten dich:
Steh uns in dieser schweren Stunde bei
mit deinem Trost und mit deiner Gnade.
Gib uns die Gewissheit,
dass wir in deiner Hand bleiben
im Leben und im Sterben.
Lass uns die Kraft deiner Auferstehung erfahren,
jetzt und in Ewigkeit.

3

Gott, unser Vater, wir sind ratlos und verzweifelt.
Lass uns jetzt nicht allein und hilf uns zu beten.
Verbirg dich nicht,
sondern komm und rede zu uns,
dass wir hoffen können
und unsere zerschlagenen Herzen Heilung finden.
Durch Jesus Christus, unsern Herrn.

4

Herr, Gott, himmlischer Vater,
wir bitten dich um den Trost, den wir uns selbst nicht geben können.
Hilf uns, auch das Schwere aus deiner Hand zu nehmen.
Gib uns die Gewissheit, dass du stärker bist als der Tod.
Lass uns mit denen, die ihre Hoffnung auf Jesus Christus setzen, zum ewigen Leben gelangen.
Dir sei Ehre in Ewigkeit.

5

Allmächtiger, ewiger Gott,
du hast der verlorenen Welt den Retter gesandt.
Er kam, um zu dienen.
Er trug das Kreuz für uns alle.
Wir bitten dich:

Lass uns von seiner Geduld im Leiden lernen
und teilhaben an seiner Auferstehung.
Darum bitten wir durch Jesus Christus, unsern Herrn.

6

Himmlischer Vater,
bei dir kommen unsere Wege ans Ziel,
und du vollendest das Leben nach deiner Güte.
Das ist unsere Hoffnung für ____NAME____ .
Lass *sie/ihn* nach *dem schweren Leiden/der harten Zeit*
deine Herrlichkeit schauen um deines Sohnes Jesu Christi willen.
Mach uns im Glauben an deine Liebe getrost
und richte uns auf durch dein Wort.
Durch Jesus Christus, unsern Herrn.

7

Gott, zu dir rufe ich.
Sammle meine Gedanken, hilf mir zu beten;
ich kann es nicht allein.
In mir ist es finster, aber bei dir ist das Licht;
ich bin einsam, aber du verlässt mich nicht;
ich bin kleinmütig, aber bei dir ist die Hilfe;
ich bin unruhig, aber bei dir ist Friede;
in mir ist Bitterkeit, aber bei dir ist die Geduld;

ich verstehe deine Wege nicht,
aber du weißt den Weg für mich.
Dir sei Ehre in Ewigkeit.

Dietrich Bonhoeffer

8

Allmächtiger, ewiger Gott,
du Trost der Traurigen und Stärke der Schwachen,
höre die Bitte aller,
die in Bedrängnis und Anfechtung zu dir rufen,
dass sie in ihrer Not deine Hilfe erfahren
und dich allezeit loben und preisen.
Darum bitten wir durch Jesus Christus, unsern Herrn.

Gebete nach der Predigt

Allgemein

1

Ewiger Gott,
du hast Macht über Leben und Tod.
Du bist der Herr über die sichtbare und
die unsichtbare Welt.
Du tötest und machst lebendig,
du führst hinab zu den Toten und wieder herauf.
Du hast den Menschen geschaffen.
Du rufst deine *Heiligen/Kinder* zu dir,

dass sie bei dir Ruhe finden.
Du allein bist unvergänglich und unwandelbar. Du veränderst und wandelst deine Geschöpfe und gibst ihnen eine neue Gestalt.

Wir bitten dich für
unsere entschlafene Schwester/unseren entschlafenen Bruder:
Lass *sie/ihn* ruhen in deinem Frieden,
wecke *sie/ihn* auf an dem Tag,
den du nach deiner Verheißung anbrechen lässt.
Gedenke nicht *ihrer/seiner* Sünden und gib,
dass *ihr/sein* Ausgang voll Friede sei.

Heile die Trauer derer, die um *sie/ihn* Leid tragen, mit deinem Trost.
Schenke uns allen ein gutes Ende.
Darum bitten wir dich im Namen unseres Herrn Jesus Christus. *nach einem Gebet des Bischofs Serapion von Thmuis*

2

Ewiger Gott, Herr über Lebende und Tote:
Wir beugen uns unter deinen Willen und geben
unsere Entschlafene/unseren Entschlafenen in deine Hand.

> Wir gedenken *ihrer/seiner* vor dir in der Stille.
> Stille

Wir danken dir für alles,
was du in deiner Güte an *ihr/ihm* getan hast
in guten und in schweren Zeiten.
Wir danken dir auch für alles, was *sie/er* uns gewesen ist.
Wir bitten dich:
Nimm *sie/ihn* gnädig auf
und vollende dein Werk an *ihr/ihm* in Ewigkeit.

Für alle, die uns im Tod vorausgegangen sind, bitten wir:
Lass sie ruhen in deinem Frieden.
Sei ihnen ein gnädiger Richter.

Tröste die Trauernden
und gib, dass sie sich deiner Liebe anvertrauen.
Hilf uns allen, dass wir bereit sind, wenn du uns rufst.
Stärke in uns das Vertrauen,
dass du unser Leben vollenden wirst.
Darum bitten wir durch Jesus Christus, unsern Herrn.

3

Herr, unser Heiland,
du kommst zu uns mit unergründlicher Liebe
und gibst uns den Frieden, der höher ist als alle Vernunft.

Wir rufen dich an für *die Verstorbene/den Verstorbenen:*
Sei *ihr/ihm* gnädig
und nimm *sie/ihn* mit allen Vollendeten auf
in deinen himmlischen Frieden.

Christe, du Lamm Gottes, du trägst die Sünde der Welt, erbarm dich unser.	Herr, erbarme dich. der Christus, erbarme dich. Herr, erbarme dich.

Wir rufen dich an für alle, die trauern:
Richte sie auf und geleite sie mit deinem Trost.

Christe, du Lamm Gottes, du trägst die Sünde der Welt, erbarm dich unser.	Herr, erbarme dich. der Christus, erbarme dich. Herr, erbarme dich.

Wir rufen dich an für uns alle:
Erleuchte unseren Sinn,
dass wir Ende und Ziel dieses vergänglichen Lebens
bedenken und bereit sind für deine Stunde.

Christe, du Lamm Gottes, du trägst die Sünde der Welt, gib uns deinen Frieden.	Herr, erbarme dich. der Christus, erbarme dich. Herr, erbarme dich.

vgl. EG 178

4

Ewiger Gott,
du hast *unsere Schwester/unseren Bruder* von uns genommen.
Wir befehlen *sie/ihn* um Jesu willen in deine Hände und bitten dich:
Führe *sie/ihn* aus dem Dunkel des Todes in dein ewiges Licht.
Uns aber tröste mit deiner Hilfe.
Stille unseren Schmerz und richte uns auf zu lebendiger Hoffnung.
Darum bitten wir durch Jesus Christus, unsern Herrn.

5

Jesus Christus, du Sohn des lebendigen Gottes,
du hast dem Tode die Macht genommen
und das Leben und ein unvergängliches Wesen ans Licht gebracht durch das Evangelium.
Wir warten auf den Tag,
an dem wir schauen werden, was wir glauben.
Unser Herz ist bedrückt von der Schuld und dem Leiden der Menschen.
Vor der Gewalt des Todes droht unser Glaube zu zerbrechen.
Wir kommen zu dir und bitten um deine Hilfe.
Gib Glauben, der an dir festhält,

Hoffnung, die sich durch nichts beirren lässt,
Liebe, die stärker ist als der Tod.
Dir vertrauen wir ____NAME____ an:
Gib *ihr/ihm* Ruhe und Frieden.
Dein Licht leuchte *ihr/ihm.*
Dir sei Ehre in Ewigkeit.

6

Ewiger Gott, Ursprung und Ziel unseres Lebens,
wir danken dir für das Leben
unserer entschlafenen Schwester/unseres entschlafenen Bruders
und für alles, was es erfüllt hat
an Freude, an Güte und Liebe,
aber auch an Lasten und Bewährung.
Wir bitten dich:
Führe den Weg zum verheißenen Ziel,
den du mit *ihr/ihm* begonnen hast.
Schau *sie/ihn* an in Liebe und vergib *ihr/ihm* und uns,
was wir dir und einander schuldig geblieben sind.
Herr, erbarme dich.
Hilf der Familie und allen, die über den Tod von
____NAME____ trauern,
dass sie sich dir anvertrauen können.
Stärke sie durch dein Wort.
Führe Menschen zu ihnen, die ihnen beistehen.
Gib ihnen Kraft für die nächsten Schritte und lass sie

hinausschauen über Tod und Grab auf das Leben, das du uns zugedacht hast.
Herr, erbarme dich.
Lass uns alle bedenken, dass wir sterben müssen.
Erhalte uns im Vertrauen darauf, dass du uns zum Ziel führen willst.
Steh uns bei, wenn wir schwach werden, und hilf uns in unserer letzten Stunde.
Bring uns heim in deinen Frieden.
Herr, erbarme dich.

7

Vater im Himmel,
nimm *unsere verstorbene Schwester/unseren verstorbenen Bruder* in Christus auf in deinen Frieden.
Gemeinde: Wir bitten dich, erhöre uns.

Lass uns dankbar sein für alles, was in *ihrem/seinem* Leben gesegnet war.
Gemeinde: Wir bitten dich, erhöre uns.

Vergib, was *sie/er* versäumt und verschuldet hat.
Gemeinde: Wir bitten dich, erhöre uns.

Tröste uns alle in unserer Trauer.
Gemeinde: Wir bitten dich, erhöre uns.

Lass uns leben und sterben
im Vertrauen auf deine Barmherzigkeit.
Gemeinde: Wir bitten dich, erhöre uns.

Nimm dich unser gnädig an, rette und erhalte uns, denn dir allein gebührt der Ruhm und die Ehre und die Anbetung jetzt und immerdar und von Ewigkeit zu Ewigkeit.

oder:
Dir sei Ehre in Ewigkeit.

8

Ewiger Gott,
du Schöpfer und Vollender des Lebens,
wir kommen vor dein heiliges Angesicht
und rufen zu dir:
Zeige uns dein Erbarmen in Jesus Christus, deinem Sohn,
unserm Herrn.

Fortsetzung entsprechend der Kirchenjahreszeit:

Advent, Weihnachten, Epiphanias
Ihn hast du in die Welt gesandt,
damit er uns deine Liebe offenbare.
In seinem Frieden lass uns geborgen sein
und alle Not und Angst dieser Welt überwinden.

Fasten- und Passionszeit

Er hat unser Leiden auf sich genommen.
Am Kreuz hat er für uns sein Leben dahingegeben.
Hilf uns, dass wir in seiner Nachfolge unser Kreuz auf uns nehmen und durch sein Leiden und Sterben Heil und ewiges Leben empfangen.

Osterzeit

Er hat dem Tod die Macht genommen.
Seine Auferstehung ist unsere Hoffnung.
Stärke uns darin und überwinde unsere Trauer und Angst.
Bringe uns auf den Weg, der zum Leben führt.

Pfingstzeit

Du hast deinen Geist über uns ausgegossen,
der lebendig macht.
Verwandle durch ihn unsere Trauer in Zuversicht
und unser Klagen in den Lobpreis der Getrösteten.

Trinitatis, Taufgedächtnis

In der heiligen Taufe hast du uns zu Gliedern an seinem Leib gemacht.
Durch deinen Geist hast du uns neu geboren zu einem unvergänglichen Leben.
Lass uns deine Güte ergreifen,
damit wir dir vertrauen, deinem Sohn nachfolgen
und durch den Heiligen Geist getröstet werden.

Michaelis

Du hast deinen Engeln befohlen über uns,
dass sie uns behüten auf allen unseren Wegen.
So bitten wir dich:
Lass sie mit uns gehen und uns beistehen in der Anfechtung des Leidens.

Ende des Kirchenjahres

Ihn wirst du senden am Ende der Zeit, dass er die Welt richtet.
Wir bitten dich:
Befreie uns aus der Angst und den Zweifeln,
damit wir die Wiederkunft deines Sohnes zuversichtlich erwarten.

Gemeinsame Fortsetzung

Sei und bleibe unsere Zuflucht im Leben und im Sterben.
Stärke unseren Glauben und führe uns zum Schauen deiner Herrlichkeit.
Darum bitten wir dich durch Jesus Christus, unsern Herrn.

9

Bei einem Kind

Gott, unser Vater,
unaussprechlich ist unser Schmerz, weil
_____VORNAME_____ so jung sterben musste.

Immerfort erscheint das Kind innerlich vor unseren Augen:
seine Fragen und Freuden, seine Leiden und Schmerzen.
Wir hören sein Lachen. Wir hören sein Weinen.
Unfasslich, dass wir *sie/ihn* nie mehr lebendig bei uns haben werden!
Wie können wir je wieder froh werden?
Wie sollen wir wieder Vertrauen haben zum Leben – zu dir?
Du kannst doch alles! Hättest du nicht einen Ausweg gewusst?
Warum musste dies denn sein? Warum hast du es zugelassen?
War das ein unbegreifliches Schicksal, oder hast du, Gott, es etwa gewollt?
Wir wissen keine Antwort.
Aber wir wissen doch keinen Halt, außer dir.
So schreien wir zu dir: Hilf uns in unserer großen Traurigkeit.
Lass uns spüren, dass du mitleidest mit uns,
wie Jesus Christus mitgelitten hat mit unserer Schwachheit.
Hilf uns gegen das Dunkel und die Kälte, die unser Leben einschnüren.
Stärke unseren Glauben und unser Vertrauen zu dir.

So danken wir dir nun auch für alles, was du an
_____VORNAME_____ getan hast,
auch für alle Freude, die wir durch *sie/ihn* erfahren haben.
Nimm unser Kind in deine Arme, lass es bei dir geborgen sein.

Und lass uns alle in dir Frieden haben.
Lass uns miteinander teilhaben am Leben in deinem Reich.
Dir sei Ehre in Ewigkeit.

10

Bei einem Kind mit Behinderung

Himmlischer Vater,
wir bitten dich für ______VORNAME______ und *ihre/seine* Familie.
Du hast *ihr/ihm* das Leben geschenkt und *sie/ihn* nach deinem Bild bereitet.
Deine guten Gedanken mit *ihr/ihm*
haben wir manchmal nur schwer begreifen können.
Unsere Augen haben das Leid gesehen, unser Herz ist bedrückt gewesen,
und Zweifel haben unseren Glauben bedroht.
Wir haben vor dir geklagt und auf dich gehofft.
Wir haben *ihr/ihm* Liebe geschenkt und von *ihr/ihm* Liebe erfahren.
Wir denken dankbar an jede kleine Freude mit ______VORNAME______.
Du, Gott, siehst in die Tiefe und kennst unsere Trauer. Wir bitten dich, nimm *sie/ihn* auf in deinen Frieden, vollende *sie/ihn* zur Herrlichkeit der Kinder Gottes,
tröste alle, die ______VORNAME______ lieb hatten und nun traurig sind.
Bleib ihnen nahe, lass sie deine Güte erfahren.

11

Gott, du Atem des Lebens und Mutter der Liebe, du hast zu dir genommen, was uns anvertraut war. Wir sind betroffen und voller Schmerz.
Wir können nicht verstehen, was du getan hast.

Wir haben ________ VORNAME ________ als deine Aufgabe für uns verstanden.
Aber dann ist *sie/er* zu einem Geschenk für uns geworden.
Freude haben wir erlebt über jeden kleinen Schritt.
Du gabst uns Mut, *sie/ihn* gegen Kränkung zu schützen.
Manches war uns eine Last.
Nicht wenig sind wir schuldig geblieben.
Nun trauern wir, dass dieses Stück gemeinsamen Weges zu Ende ist.
Wir fühlen, wie sehr *sie/er* uns fehlt.
Wir danken dir für ________ VORNAME ________ .
Wir danken dir auch für die Menschen, die uns geholfen haben mit ihrer Liebe.
Sei uns nahe mit deinem Trost.
Stärke unseren Glauben und die Hoffnung auf deine Güte.

oder:

Wir brauchen dich nicht zu bitten,
dass du ________ VORNAME ________ als dein Kind annimmst.

Du tust es. Aber wir bitten dich: Nimm uns auf und tröste uns.
Höre uns, wenn wir dir unseren Kummer klagen. Erinnere uns, dass wir einander Lasten tragen helfen.
Erneuere in uns den Glauben, dass du unsere Vergangenheit heilst,
dass du uns Freiheit für die Gegenwart schenkst und dass du uns eine gute Zukunft geben willst.

Gemeinsame Fortsetzung:
Du schenkst uns Atem und Liebe, damit wir leben.

12

Bei einem jungen Menschen

Herr, unser Gott,
Du gibst Leben und führst es nach deinem Willen zu Ende.
Wir können dein Tun nicht begreifen.
Am Sarg dieses jungen Menschen klagen wir dir unser Leid.
Du sagst: Durch die Taufe sind wir dein im Leben und im Sterben.
Lass uns auch jetzt darauf vertrauen.
Stärke in dieser Zuversicht die Eltern, Angehörigen und Freunde *der/des* Entschlafenen, dass sie an deiner Liebe nicht irre werden.
Tröste sie.

Schließe ihr Herz auf, dass sie dir danken können für das Gute, das du *ihrer Tochter/ihrem Sohn* erwiesen hast, und für die Freude, die sie an *ihr/ihm* hatten.
Lehre uns alle bedenken, wie zerbrechlich unser Leben ist, aber auch, dass unsere Wege in dir ein Ziel haben.
Darum bitten wir dich durch Christus, unsern Erlöser.

13

Herr, unser Gott,
du hast ______NAME______ früh aus diesem Leben gerufen
und uns viel Freude und Hoffnung genommen.
Deine Gedanken sind uns verborgen,
und es fällt uns schwer, deinen Willen zu begreifen.
Lass uns nicht daran zweifeln,
dass alles, was du tust, umschlossen ist von deiner Liebe.
Wir danken dir, dass du *die Verstorbene/den Verstorbenen* in der Taufe angenommen hast.
Wir danken dir für alles,
was *sie/er* in *ihrem/seinem* kurzen Leben von dir empfangen hat.
Vergib *ihr/ihm,* was *sie/er* schuldig geblieben ist.
Vergib auch uns, was wir an *ihr/ihm* versäumt haben.
Tröste *ihre/seine* Eltern, die Angehörigen und Freunde,
steh ihnen bei, und hilf jeder und jedem von uns,
Frieden zu finden.
Darum bitten wir durch unsern Herrn Jesus Christus,
deinen Sohn.

14

Bei Eheleuten und Eltern

Ewiger Gott, barmherziger Vater,
du hast gesagt: Meine Gedanken sind nicht eure Gedanken,
und eure Wege sind nicht meine Wege.
Wir bitten dich:
Hilf, dass wir uns deinem heiligen Willen beugen,
auch wenn wir ihn nicht begreifen.
Wir danken dir für alles,
was *diese Mutter/Frau/dieser Vater/Mann* unter uns gewirkt hat.
Vergib *ihr/ihm,* was *sie/er* versäumt hat,
und uns, was wir *ihr/ihm* schuldig geblieben sind.
Steh *der trauernden Familie/den Kindern* bei und tröste sie.
Gib *ihr/ihnen* treue Freunde und Helfer.
Bewahre sie und uns im Glauben an dich.
Und wenn unsere letzte Stunde kommt, dann lass uns aufblicken zu dem,
der den Tod überwunden und ewiges Leben gebracht hat,
zu Jesus Christus, unserm Herrn.

15

Herr, wir sind traurig.
Das Leid, das über diese Familie gekommen ist,
lastet schwer auf uns.
Wir bitten dich für die Trauernden:

Lass sie nicht mutlos werden.
Gib uns Vertrauen zu dir,
auch wenn wir dein Tun nicht begreifen können.
Herr, wir danken dir für die Liebe und das Glück,
die du *der/dem* Verstorbenen
und den *Ihren/Seinen* geschenkt hast.
Deine Liebe hört niemals auf.
In ihr sind wir geborgen für Zeit und Ewigkeit.
Mach uns darin gewiss.

16

Nach einem langen Leben

Lieber himmlischer Vater,
du hast *unsere Schwester/unseren Bruder*
nach einem langen, gesegneten Leben von uns genommen.
Du hast an *ihr/ihm* dein Wort wahr gemacht:
Ich will euch tragen bis ins Alter.
In der Taufe hast du *sie/ihn* mit dir verbunden,
in *ihrer/seiner* [Ehe,] Arbeit [und Beruf] hast du *sie/ihn* gesegnet
und *sie/ihn* nun friedlich einschlafen lassen.
Dafür danken wir dir.
Richte unsere Gedanken
von dem Vergänglichen auf die Ewigkeit,
von unserer Trauer auf Jesus Christus, den Auferstandenen.

17

Allmächtiger, treuer Gott,
du hast dieses Leben nun zum Ziel geführt
und alle Unruhe, aber auch alle Müdigkeit von ihm genommen.
Dafür danken wir dir.
Wir haben miterlebt, wie schwer es sein kann,
die Last des Alters zu tragen.
Doch wir vertrauen dir, dass du unser vergehendes Leben
begleitest mit deinem Wort und mit deiner Kraft,
bis du es vollendest nach deiner Gnade in Herrlichkeit.
Erfülle an *der/dem* Entschlafenen deine Verheißungen,
erbarme dich über *sie/ihn*.
Lass die, die um *sie/ihn* trauern, durch deine Treue getröstet werden.
Gib ihnen und uns allen deinen Frieden.

18

Bei einer Pfarrerin/einem Pfarrer

Jesus Christus, Herr und Hirte deiner Gemeinde,
du hast ______NAME______, *unsere/unseren* ____________ einst mit dem Amt der Verkündigung, der Seelsorge und der Leitung in deiner Kirche betraut.
Wir danken dir, dass *sie/er* uns dein Evangelium gepredigt und die Sakramente gereicht hat.

Du hast *ihr/ihm* Vollmacht gegeben, *sie/ihn* mit den Gaben deines Geistes beschenkt und *ihren/seinen* Dienst gesegnet. Mit *ihr/ihm* haben wir die Gemeinschaft in deinem Namen erlebt.
Vergib in Gnade, was *sie/er* versäumt hat,
vergib auch, was wir *ihr/ihm* schuldig geblieben sind.
Tröste *ihre/seine* Familie und uns alle.
Sie/Ihn aber lass deine Herrlichkeit schauen, die *sie/er* bezeugt hat.
Darum bitten wir dich.

19

Bei einem Menschen in öffentlicher Verantwortung

Treuer Gott,
du hast ______NAME______ in die Verantwortung für das Wohl vieler Menschen in *unserer Stadt/Gemeinde/unserem Land* geführt.
In *seinem/ihrem* Amt als hast du *ihr/ihm* Macht gegeben, das Leben zu schützen, Gerechtigkeit zu fördern und dem Frieden zu dienen nach deinem guten Willen. Wir danken dir für alles, was *sie/er* durch deine Gnade gewirkt hat.
[Du warst *ihr/sein* Beistand in unruhiger Zeit und in schweren Entscheidungen. Du weißt, was *ihr/ihm* gelungen ist und was *sie/er* schuldig bleibt.]

Wir bitten dich: Lass auf *ihrem/seinem* Werk deinen Segen ruhen.
Vergib, was *sie/er* versäumt hat.
Vergib auch uns, was wir *ihr/ihm* schuldig geblieben sind.
Tröste *ihre/seine* Familie und alle, die durch *ihren/seinen* Tod gebeugt sind.
Nimm [*unsere Schwester/unseren Bruder*]
____NAME____ auf in dein Reich, gib *ihr/ihm* Anteil an deiner Herrlichkeit und deinem Frieden.
Durch Jesus Christus, unsern Herrn.

20

Nach schwerem Leiden

Gott, unser Vater,
du hast dem Leben *unserer Schwester/unseres Bruders*
____NAME____ durch den Tod ein Ende gesetzt.
Du hast deinen Sohn nach seinem Leiden und Sterben vom Tode erweckt.
Erbarm dich auch *unserer Schwester/unseres Bruders*
und gib *ihr/ihm* nach allem, was *sie/er* erduldet hat, die ewige Freude.
Lass *sie/ihn* Frieden finden bei dir.
Durch Jesus Christus, unsern Herrn.

21

Allmächtiger Gott,
wir wissen nicht, warum du so viel Schweres auf
____NAME____ gelegt hast.
Hilf uns darauf zu vertrauen, dass *ihre/seine* Leidenszeit nicht ohne Sinn war.
Wir danken dir für jedes Zeichen der Liebe an *ihrem/seinem* Krankenlager und bitten dich:
Vergib, was wir versäumt haben.
Vergib alle Ungeduld und alle bitteren Klagen.
Herr, du führst auch durch Leiden zur Vollendung.
Wir hoffen darauf, dass du einst alle Tränen abwischen wirst von unseren Augen.
Erhalte uns im Glauben an dich, solange wir noch auf dem Wege sind.
Stärke unsere Gemeinschaft in der Familie und in der Gemeinde.
Gib uns Kraft, dass wir die Last anderer mittragen
und unter eigenen Lasten nicht verzagen.
Lass uns bereit sein, wenn du uns rufst.
Darum bitten wir dich durch Jesus Christus, unsern Herrn.

22

Beim Tod eines einsamen Menschen

Barmherziger Vater, uns steht vor Augen,
wie einsam dies Leben zu Ende ging.
Vergib, was wir einander schuldig geblieben sind.
Du siehst in das Verborgene und weißt alle Dinge.
Dir vertrauen wir *die Verstorbene/den Verstorbenen* an.
Gib *ihr/ihm* deinen Frieden.
Öffne unsere Augen für die Einsamen und Verlassenen,
dass wir uns ihnen zuwenden.
Vollende uns durch deine Gnade
und führe uns in die Gemeinschaft der Heiligen,
die dich lobt und preist in Ewigkeit.

23

Treuer Gott, barmherziger Vater,
du hast versprochen, das Seufzen der Verzweifelten zu hören und dich der Verlassenen anzunehmen.
Dafür danken wir dir und bitten dich:
Erbarme dich über *die Entschlafene/den Entschlafenen.*
Nimm *sie/ihn* auf in die Gemeinschaft der Seligen und Vollendeten.
Gib uns einen Blick für Menschen, die einsam und ausgeschlossen sind.
Hilf uns, wenn wir ihnen beistehen wollen.

Wende unser Herz zu dir.
Und wenn unsere letzte Stunde kommt,
lass uns im Vertrauen auf deine Barmherzigkeit
in deinem Frieden sterben und deine Herrlichkeit schauen.
Durch Jesus Christus, unsern Herrn.

24

Nach plötzlichem Tod

Heiliger Gott, barmherziger Vater,
du bist nahe denen, die zerbrochenen Herzens sind,
du hilfst allen, die ein zerschlagenes Gemüt haben.
Darum suchen wir bei dir Ruhe
für unser erschrockenes Herz.
Alles, was uns bei dem plötzlichen Ende
unserer/unseres Verstorbenen schmerzt und bedrückt,
bringen wir vor dich.
Du hast mit *ihrem/seinem* Tod die Angehörigen in tiefes Leid gestürzt.
Richte sie auf und gib ihnen die Gewissheit,
dass du Gedanken des Friedens mit ihnen hast.
Wir befehlen ____NAME____ in deine Hände
und bitten um deine Barmherzigkeit.
Zieh unsere Herzen zu dir,
dass wir bereit sind für die Stunde unseres Todes.

Lass uns dann sterben im Glauben an deine Gnade
und in der Hoffnung auf das ewige Leben.
Darum bitten wir dich durch Jesus Christus, unsern Herrn.

25

Nach einem Unfall

Gott, du bist Herr über Lebende und Tote.
Du hast ______ NAME ______ so plötzlich aus unserer Mitte gerissen.
Wir fragen: Warum? Dein heiliger Wille erschreckt uns.
Wir bitten dich:
Sei bei uns in dem finsteren Tal, durch das wir nun gehen.
Tröste uns. Nimm ______ NAME ______ in Gnaden auf.
Kostbar ist die Zeit, die du uns schenkst, und rasch kommt die Stunde,
in der wir Rechenschaft ablegen müssen über unser Leben.
Vergib uns, was wir schuldig bleiben.
Lass uns aus deiner Kraft leben und wirken.
Darum bitten wir durch Jesus Christus, unsern Herrn.

26

Allmächtiger, ewiger Gott,
deiner Barmherzigkeit befehlen wir *unsere Schwester/unseren Bruder* an, *die/der* so plötzlich zu Tode gekommen ist.

Sei *ihr/ihm* und uns gnädig um Jesu Christi willen.
Tröste die Angehörigen.
Bewahre sie vor Verbitterung und Hass, vor Trostlosigkeit und Verzweiflung.
Erbarm dich derer, die an diesem Unfall beteiligt waren.
Lass uns Vergebung üben, wie du vergibst.
Wecke in uns die Verantwortung für das Leben und die Gesundheit unserer Mitmenschen.
Wehre der Gedankenlosigkeit und dem Mangel an Rücksicht unter uns.
Behüte uns auf allen Wegen.
Geleite uns im Leben und im Sterben.
Darum bitten wir durch Jesus Christus, unsern Herrn.

27

Nach Katastrophen
Herr, allmächtiger Gott,
wir können noch nicht fassen, was geschehen ist.
Väter und Mütter, Brüder und Schwestern ...
(ggf. weitere Nennungen)
sind mitten aus dem Leben gerissen,
aus ihrer Arbeit, aus ihren Familien,
aus dem Kreis ihrer Freunde und Kollegen.
Niemand von uns hat damit rechnen können.
Wir kommen zu dir und bitten dich:
Halte uns im Glauben fest.

Bewahre das Vertrauen zu dir.
Wir rufen:
Gemeinde: Herr, erbarme dich.

Wir bitten dich für die Frauen, die ihre Männer verloren haben,
die Männer, die ihre Frauen verloren haben,
für die Kinder, die *ihren Vater/ihre Mutter/ihre Eltern* nicht mehr sehen werden,
für die Eltern, die ihre Kinder hergeben mussten.
Lass sie nicht verzagen, lindere ihren Schmerz.
Wir rufen:
Gemeinde: Herr, erbarme dich.

Lass uns – den Tod vor Augen – an das Leben glauben,
an den, der das Leben ist: Jesus Christus, deinen Sohn.
Wir rufen:
Gemeinde: Herr, erbarme dich.

Christe, du Lamm Gottes, der du trägst die Sünd der Welt,
erbarm dich unser.
Christe, du Lamm, Gottes, der du trägst die Sünd der Welt,
erbarm dich unser.
Christe, du Lamm Gottes, der du trägst die Sünd der Welt,
gib uns deinen Frieden.

28

Nach einer Selbsttötung

Heiliger Gott, lieber himmlischer Vater,
dein Erbarmen ist größer als unser Begreifen.
Wir befehlen *unsere Schwester/unseren Bruder* in deine gnädige Hand.
Erbarm dich *ihrer/seiner* um Jesu Christi willen
und vollende *sie/ihn* nach deiner Güte.
Bewahre uns davor, lieblos zu richten.
Vergib uns, was wir an *ihr/ihm* versäumt haben.
Steh den Trauernden bei mit deinem Trost.
Richte sie auf.
Erwecke unser Gewissen, dass wir uns unter dein Gericht beugen und die Zeit nutzen, die du uns schenkst.
Durch Jesus Christus, unsern Herrn.

29

Ewiger, allmächtiger Gott,
du hast durch Jesus Christus die Macht der Finsternis gebrochen
und in ihm das Licht des Lebens in die Welt gebracht.
Dieses Licht erleuchte auch das Dunkel,
in dem das Leben *unserer Schwester/unseres Bruders* zu Ende gegangen ist.

Wir bitten dich:
Sei *ihr/ihm* gnädig.
Lass *sie/ihn* das Licht deiner Herrlichkeit schauen.
Erhalte in uns den Glauben, der die Welt überwunden hat.
Stärke uns gegen alle dunklen Mächte, die nach uns greifen.
Hilf uns zu sehen, wenn ein Mensch nicht mehr aus noch ein weiß,
und gib uns Mut und Weisheit, ihm beizustehen.
Mach aller Angst ein Ende.
Durch Jesus Christus, unsern Herrn.

30

Herr, unser Gott,
wir sind ratlos.
Vergib, was wir an *der/dem* Toten versäumt haben.
Öffne unsere Augen für Menschen,
die *neben uns/um uns herum* in Verzweiflung geraten.
Behüte uns vor lieblosem Richten.
Wir befehlen ___NAME___ deiner Barmherzigkeit.
Du kennst die Last, die *sie/er* nicht tragen konnte.
Sei *ihr/ihm* ein gnädiger Richter.
Gib *ihr/ihm* und uns allen deinen Frieden.
Durch Jesus Christus, unsern Herrn.

Schlussgebete

1

Herr, unser Gott,
du hast durch Jesus Christus den Tod besiegt
und uns berufen in dein ewiges Reich.
Hilf uns,
in der Nachfolge deines Sohnes den Weg zu gehen,
der zum Leben führt.
Darum bitten wir dich,
der du mit ihm und dem Heiligen Geist
lebst und regierst in Ewigkeit.

2

Himmlischer Vater,
du hast uns durch deinen Sohn
Rettung vom ewigen Tod zugesagt.
Wir bitten dich:
Stärke uns in der Hoffnung,
dass wir am Jüngsten Tag auferweckt werden
zum ewigen Leben.
Durch Jesus Christus, unsern Herrn.

3

Ewiger Gott,
du hast uns zu deinem Eigentum erwählt:
Erhalte uns die Gewissheit,
dass wir nicht im Tod bleiben,
sondern verwandelt werden zum ewigen Leben.
Durch Jesus Christus, unsern Herrn.

4

Ewiger Gott,
in der Dunkelheit der vergänglichen Welt
scheint dein unvergängliches Licht.
Lass *unsere Entschlafene/unseren Entschlafenen*
dieses Licht in Klarheit schauen
und auch uns in deinem Licht unser Leben vollenden.
Durch Jesus Christus, unsern Herrn.

5

Herr Jesus Christus,
du hast uns Hoffnung geschenkt über Tod und Grab hinaus.
Du gibst uns Anteil an deinem Leben.
Wir bitten dich:
Erhalte uns im Glauben bis an unser Ende.
Lass uns in Liebe verbunden bleiben
mit allen, die uns vorangingen.

Lass ihnen und uns dein ewiges Licht leuchten
und stärke uns in der Erwartung der
kommenden Herrlichkeit.

6

Barmherziger, ewiger Gott,
du lässt uns mit Christus leiden und sterben und willst,
dass wir mit ihm zur Herrlichkeit erhoben werden:
Gib, dass wir uns allezeit getrost in deinen Willen fügen,
im Glauben beständig bleiben bis an unser Ende
und einst dich schauen in Herrlichkeit.
Durch Jesus Christus, unsern Herrn.

7

Herr, barmherziger Vater,
dein sind Gericht und Gnade:
Vollende an unseren Toten wie an uns allen
deinen heiligen Rat und Willen.
Herr Jesus Christus,
du bist die Auferstehung und das Leben:
Lass uns mit deiner ganzen Kirche und mit allen
Vollendeten über deinen Sieg frohlocken und deine Gewalt
rühmen gegen alle Mächte des Verderbens und des Todes.

Herr Gott, Heiliger Geist,
du machst lebendig und schaffst alles neu:
Erhalte uns in der Kraft deines Trostes
und in der Hoffnung deiner Auserwählten.
Dreieiniger Gott und Herr.
Deinem Namen sei Ehre, Preis und Anbetung
in Ewigkeit.

8

Ewiger Gott,
du bist der Anfang und das Ende der Zeit.
Darum bitten wir dich:
Bleibe bei uns mit deinem Licht
und mit deiner Wahrheit,
sei uns nahe, damit wir dir nahe bleiben und erkennen,
wohin du uns führen willst.
Durch Jesus Christus, deinen Sohn.

9

Ewiger Gott,
du hast in der vergänglichen Welt des Todes
die Hoffnung auf das unvergängliche Leben geschenkt.
Lass uns auch in Trauer und Leid
diese Hoffnung festhalten und durch sie gestärkt werden.
Durch Jesus Christus, deinen lieben Sohn.

10

Treuer Gott,
gib, dass wir leben in deiner Furcht,
sterben in deiner Gnade,
ruhen in deinem Frieden,
auferstehen durch deine Kraft
und ererben das ewige Leben.
Durch Jesus Christus, deinen lieben Sohn, unsern Herrn.
Dir, Dreieiniger Gott, sei Lob und Preis, Ehre und Herrlichkeit, jetzt und in Ewigkeit.

11

Herr Jesus Christus, du hast in deiner Auferstehung
die Macht des Todes ein für allemal zerbrochen.
Wir warten auf den Tag, an dem wir deine Herrlichkeit schauen werden.
In der Hoffnung darauf bitten wir dich:
Gib uns Halt an deinem Wort.
Gib uns Liebe, die uns verbindet.
Gib uns Mut für jeden neuen Tag und für den Tag, an dem du wiederkommst.
Herr Jesus Christus, wir hoffen auf dich.
Gib uns Frieden.

Lesungen

Ich wende mich zu Gott und bringe meine Sache vor ihn,
der große Dinge tut, die nicht zu erforschen sind,
und Wunder, die nicht zu zählen sind,
der die Niedrigen erhöht
und den Betrübten emporhilft.
Siehe, selig ist der Mensch, den Gott zurechtweist;
darum widersetze dich der Zucht des Allmächtigen nicht.
Denn er verletzt und verbindet;
er zerschlägt, und seine Hand heilt.
In sechs Trübsalen wird er dich erretten,
und in sieben wird dich kein Übel anrühren.
Du wirst im Alter zu Grabe kommen,
wie Garben eingebracht werden zur rechten Zeit.

Hiob 5,8–26 in Auswahl

Ich weiß, dass mein Erlöser lebt, und als der letzte wird
er über dem Staub sich erheben.
Und ist meine Haut noch so zerschlagen,
werde ich doch ohne mein Fleisch sehen.
Ich selbst werde ihn sehen,
meine Augen werden ihn schauen.
Danach sehnt sich mein Herz. *Hiob 19,25–27 in Auswahl*

Ein jegliches hat seine Zeit, und alles Vorhaben
unter dem Himmel hat seine Stunde:
Geboren werden hat seine Zeit, sterben hat seine Zeit;
weinen hat seine Zeit, lachen hat seine Zeit;
suchen hat seine Zeit, verlieren hat seine Zeit;
lieben hat seine Zeit, hassen hat seine Zeit.
Streit hat seine Zeit, Friede hat seine Zeit.

Man mühe sich ab, wie man will, so hat man keinen Gewinn davon. Ich sah die Arbeit, die Gott den Menschen gegeben hat, dass sie sich damit plagen. Er hat alles schön gemacht zu seiner Zeit, auch hat er die Ewigkeit in ihr Herz gelegt; nur dass der Mensch nicht ergründen kann das Werk, das Gott tut, weder Anfang noch Ende. Ich merkte, dass alles, was Gott tut, das besteht für ewig; man kann nichts dazutun noch wegtun. Das alles tut Gott, dass man sich vor ihm fürchten soll. Was geschieht, das ist schon längst gewesen, und was sein wird, ist auch schon längst gewesen; und Gott holt wieder hervor, was vergangen ist.

Prediger 3,1–15 in Auswahl

Gott der HERR wird den Tod verschlingen auf ewig. Und er wird die Tränen von allen Angesichtern abwischen und wird aufheben die Schmach seines Volks in allen Landen; denn der HERR hat's gesagt. Zu der Zeit wird man sagen: „Siehe, das ist unser Gott, auf den wir hofften, dass er uns helfe." *Jesaja 25,8–9a*

Stärkt die müden Hände
und macht fest die wankenden Knie!
Sagt den verzagten Herzen:
„Seid getrost, fürchtet euch nicht!
Seht, da ist euer Gott!
Er kommt und wird euch helfen."
Und wo es zuvor trocken gewesen ist,
sollen Teiche stehen,
und wo es dürre gewesen ist,
sollen Brunnquellen sein.
Und es wird dort eine Bahn sein und ein Weg,
der der heilige Weg heißen wird.
Die Erlösten werden dort gehen.
Die Erlösten des HERRN werden wiederkommen
und nach Zion kommen mit Jauchzen;
ewige Freude wird über ihrem Haupte sein;
Freude und Wonne werden sie ergreifen,
und Schmerz und Seufzen wird entfliehen.

Jesaja 35,3–10 in Auswahl

Warum sprichst du denn [, Jakob, und du, Israel, sagst]: Mein Weg ist dem HERRN verborgen, und mein Recht geht vor meinem Gott vorüber? Weißt du nicht? Hast du nicht gehört? Der HERR, der ewige Gott, der die Enden der Erde geschaffen hat, wird nicht müde noch matt, sein Verstand ist unausforschlich. Er gibt dem Müden Kraft und Stärke genug dem Unvermögenden. Jünglinge werden müde und matt, und Männer straucheln und fallen; aber die auf den HERRN harren, kriegen neue Kraft, dass sie auffahren mit Flügeln wie Adler, dass sie laufen und nicht matt werden, dass sie wandeln und nicht müde werden. *Jesaja 40,27–31*

[So sagt der Prophet vom Gottesknecht bei Jesaja im 53. Kapitel:]

Fürwahr, er trug unsre Krankheit und lud auf sich unsre Schmerzen. Wir aber hielten ihn für den,
der geplagt und von Gott geschlagen und gemartert wäre.
Aber er ist um unsrer Missetat willen verwundet
und um unsrer Sünde willen zerschlagen.
Die Strafe liegt auf ihm, auf dass wir Frieden hätten,
und durch seine Wunden sind wir geheilt.
Wir gingen alle in die Irre wie Schafe, ein jeder sah auf seinen Weg.
Aber der HERR warf unser aller Sünde auf ihn.
Als er gemartert ward, litt er doch willig und tat seinen Mund nicht auf
wie ein Lamm, das zur Schlachtbank geführt wird;
und wie ein Schaf, das verstummt vor seinem Scherer, tat er seinen Mund nicht auf.
Er ist aus Angst und Gericht hinweggenommen.
Weil seine Seele sich abgemüht hat, wird er das Licht schauen und die Fülle haben.

Durch seine Erkenntnis wird er, mein Knecht, der Gerechte, den Vielen Gerechtigkeit schaffen; denn er trägt ihre Sünden. *Jesaja 53,4–8a.11*

Dies nehme ich zu Herzen, darum hoffe ich noch: Die Güte des HERRN ist's, dass wir nicht gar aus sind,
seine Barmherzigkeit hat noch kein Ende,
sondern sie ist alle Morgen neu,
und deine Treue ist groß.
Der HERR ist mein Teil, spricht meine Seele;
darum will ich auf ihn hoffen.
Denn der HERR ist freundlich dem, der auf ihn harrt,
und dem Menschen, der nach ihm fragt.
Es ist ein köstlich Ding, geduldig sein
und auf die Hilfe des HERRN hoffen.
Denn der HERR verstößt nicht ewig;
sondern er betrübt wohl
und erbarmt sich wieder nach seiner großen Güte.

Klagelieder 3,21–26.31–32

Jesus lehrte seine Jünger und sprach:
Selig sind, die da geistlich arm sind;
denn ihrer ist das Himmelreich.
Selig sind, die da Leid tragen;
denn sie sollen getröstet werden.

Selig sind die Sanftmütigen;
denn sie werden das Erdreich besitzen.
Selig sind, die da hungert und dürstet nach der Gerechtigkeit;
denn sie sollen satt werden.
Selig sind die Barmherzigen;
denn sie werden Barmherzigkeit erlangen.
Selig sind, die reinen Herzens sind;
denn sie werden Gott schauen.
Selig sind, die Frieden stiften;
denn sie werden Gottes Kinder heißen.
Selig sind, die um der Gerechtigkeit willen verfolgt werden; denn ihrer ist das Himmelreich. *Matthäus 5,3–10*

Jesus stieg in das Boot und seine Jünger folgten ihm. Und siehe, da geschah ein großes Beben im Meer, sodass das Boot von den Wellen bedeckt wurde. Er aber schlief. Und sie traten zu ihm, weckten ihn auf und sprachen: Herr, hilf, wir verderben! Da sagt er zu ihnen: Ihr Kleingläubigen, warum seid ihr so furchtsam?, und stand auf und bedrohte den Wind und das Meer, und es ward eine große Stille. Die Menschen aber verwunderten sich und sprachen: Was ist das für ein Mann, dass ihm Wind und Meer gehorsam sind?

Matthäus 8,23–27

[Jesus sprach: Ich preise dich, Vater, Herr des Himmels und der Erde, dass du dies Weisen und Klugen verborgen hast und hast es Unmündigen offenbart. Ja, Vater; denn so hat es dir wohlgefallen. Alles ist mir übergeben von meinem Vater, und niemand kennt den Sohn als nur der Vater; und niemand kennt den Vater als nur der Sohn und wem es der Sohn offenbaren will.]

Kommt her zu mir, alle, die ihr mühselig und beladen seid; ich will euch erquicken. Nehmt auf euch mein Joch und lernt von mir; denn ich bin sanftmütig und von Herzen demütig; so werdet ihr Ruhe finden für eure Seelen. Denn mein Joch ist sanft, und meine Last ist leicht.

Matthäus 11, (25–27) 28–30

Als der Sabbat vergangen war, kauften Maria Magdalena und Maria, die Mutter des Jakobus, und Salome wohlriechende Öle, um hinzugehen und den Leichnam Jesu zu salben. Und sie kamen zum Grab am ersten Tag der Woche, sehr früh, als die Sonne aufging. Und sie sprachen untereinander: Wer wälzt uns den Stein von des Grabes Tür? Und sie sahen hin und wurden gewahr, dass der Stein weggewälzt war; denn er war sehr groß.

Und sie gingen hinein in das Grab und sahen einen Jüngling zur rechten Hand sitzen, der hatte ein langes weißes Gewand an, und sie entsetzten sich. Er aber sprach zu ihnen: Entsetzt euch nicht! Ihr sucht Jesus von Nazareth, den Gekreuzigten. Er ist auferstanden, er ist nicht hier. Siehe da die Stätte, wo sie ihn hinlegten. Geht aber hin und sagt seinen Jüngern und

Petrus, dass er vor euch hingeht nach Galiläa; da werdet ihr ihn sehen, wie er euch gesagt hat.

Markus 16,1–7 (vgl. Lukas 24)

Siehe, ein Mensch war in Jerusalem mit Namen Simeon; und dieser Mensch war gerecht und gottesfürchtig und wartete auf den Trost Israels, und der Heilige Geist war auf ihm. Und ihm war vom Heiligen Geist geweissagt worden, er sollte den Tod nicht sehen, er habe denn zuvor den Christus des Herrn gesehen. Und er kam vom Geist geführt in den Tempel. Und als die Eltern das Kind Jesus in den Tempel brachten, um mit ihm zu tun, wie es Brauch ist nach dem Gesetz, da nahm er ihn auf seine Arme und lobte Gott und sprach:

Herr, nun lässt du deinen Diener in Frieden fahren,
wie du gesagt hast;
denn meine Augen haben deinen Heiland gesehen,
das Heil, das du bereitet hast vor allen Völkern,
ein Licht zur Erleuchtung der Heiden
und zum Preis deines Volkes Israel. *Lukas 2,25–32*

Es begab sich, dass Jesus in eine Stadt mit Namen Nain ging; und seine Jünger gingen mit ihm und eine große Menge. Als er aber nahe an das Stadttor kam, siehe, da trug man einen Toten heraus, der der einzige Sohn seiner Mutter war, und sie war eine Witwe; und eine große Menge aus der Stadt ging mit ihr. Und da sie der Herr sah, jammerte sie ihn, und er sprach zu ihr: Weine nicht! Und trat hinzu und berührte den Sarg, und die Träger blieben stehen. Und er sprach: Jüngling, ich sage dir, steh auf! Und der Tote richtete sich auf und fing an zu reden, und Jesus gab ihn seiner Mutter. Und Furcht ergriff sie alle, und sie priesen Gott und sprachen: Es ist ein großer Prophet unter uns aufgestanden, und: Gott hat sein Volk besucht. *Lukas 7,11–16*

Jesus sprach zu seinen Jüngern:
Lasst eure Lenden umgürtet sein und eure Lichter brennen und seid gleich den Menschen, die auf ihren Herrn warten, auf dass, wenn er kommt und anklopft, sie ihm sogleich auftun. Selig sind die Knechte, die der Herr, wenn er kommt, wachend findet.
[Wahrlich, ich sage euch: Er wird sich schürzen und wird sie zu Tisch bitten und kommen und ihnen dienen. Und wenn er kommt in der zweiten oder in der dritten Nachtwache und findet's so: Selig sind sie.]
Seid auch ihr bereit! Denn der Menschensohn kommt zu einer Stunde, da ihr's nicht meint. *Lukas 12,35–37a (37b–38) 40*

Es war schon um die sechste Stunde, und es kam eine Finsternis über das ganze Land bis zur neunten Stunde. Und Jesus rief laut: Vater, ich befehle meinen Geist in deine Hände! Und als er das gesagt hatte, verschied er. Aber am ersten Tag der Woche sehr früh kamen die Frauen zum Grab und trugen bei sich die wohlriechenden Öle, die sie bereitet hatten. Sie fanden aber den Stein weggewälzt von dem Grab und gingen hinein und fanden den Leib des Herrn Jesus nicht. Und als sie darüber ratlos waren, siehe, da traten zu ihnen zwei Männer in glänzenden Kleidern. Sie aber erschraken und neigten ihr Angesicht zur Erde. Da sprachen die zu ihnen: Was sucht ihr den Lebenden bei den Toten? Er ist nicht hier, er ist auferstanden. *Lukas 23,44.46;24,1–6a*

Jesus Christus spricht: Also hat Gott die Welt geliebt, dass er seinen eingeborenen Sohn gab, auf dass alle, die an ihn glauben, nicht verloren werden, sondern das ewige Leben haben. Denn Gott hat seinen Sohn nicht in die Welt gesandt, dass er die Welt richte, sondern dass die Welt durch ihn gerettet werde. Wer an ihn glaubt, der wird nicht gerichtet;
[wer aber nicht glaubt, der ist schon gerichtet, denn er hat nicht geglaubt an den Namen des eingeborenen Sohnes Gottes. Das ist aber das Gericht, dass das Licht in die Welt gekommen ist, und die Menschen liebten die Finsternis mehr als das Licht, denn ihre Werke waren böse. Wer Böses tut, der hasst das Licht und kommt nicht zu dem Licht, damit seine Werke nicht aufgedeckt werden.]
Wer [aber] die Wahrheit tut, der kommt zu dem Licht, damit offenbar wird, dass seine Werke in Gott getan sind.

Johannes 3,16–18a (18b–20) 21

Jesus Christus spricht: Wahrlich, wahrlich, ich sage euch: Wer mein Wort hört und glaubt dem, der mich gesandt hat, der hat das ewige Leben und kommt nicht in das Gericht, sondern er ist vom Tode zum Leben hindurchgedrungen. Wahrlich, wahrlich, ich sage euch: Es kommt die Stunde und ist schon jetzt, dass die Toten hören werden die Stimme des Sohnes Gottes, und die sie hören, die werden leben. Denn wie der Vater das Leben hat in sich selber, so hat er auch dem Sohn gegeben, das Leben zu haben in sich selber; und er hat ihm Vollmacht gegeben, das Gericht zu halten, weil er der Menschensohn ist. Wundert euch darüber nicht. Es kommt die Stunde, in der alle, die in den Gräbern sind, seine Stimme hören werden, und es werden hervorgehen, die Gutes getan haben, zur Auferstehung des Lebens, die aber Böses getan haben, zur Auferstehung des Gerichts.

Johannes 5,24–29

Jesus Christus spricht: Alles, was mir mein Vater gibt, das kommt zu mir; und wer zu mir kommt, den werde ich nicht hinausstoßen. Denn ich bin vom Himmel gekommen, nicht damit ich meinen Willen tue, sondern den Willen dessen, der mich gesandt hat. Das ist aber der Wille dessen, der mich gesandt hat, dass ich nichts verliere von allem, was er mir gegeben hat, sondern dass ich's auferwecke am Jüngsten Tage. Denn das ist der Wille meines Vaters, dass, wer den Sohn sieht und glaubt an ihn, das ewige Leben habe; und ich werde ihn auferwecken am Jüngsten Tage. *Johannes 6,37–40*

Jesus Christus spricht: Ich bin der gute Hirte und kenne die Meinen, und die Meinen kennen mich, wie mich mein Vater kennt; und ich kenne den Vater. Und ich lasse mein Leben für die Schafe. Meine Schafe hören meine Stimme, und ich kenne sie und sie folgen mir; und ich gebe ihnen das ewige Leben, und sie werden nimmermehr umkommen, und niemand wird sie aus meiner Hand reißen. Was mir mein Vater gegeben hat, ist größer als alles, und niemand kann sie aus des Vaters Hand reißen. *Johannes 10,14–15.27–29*

Es lag einer krank, Lazarus aus Betanien, dem Dorf Marias und ihrer Schwester Marta. Deren Bruder Lazarus war krank. Da sandten die Schwestern zu Jesus und ließen ihm sagen: Herr, siehe, der, den du lieb hast, liegt krank.
Da kam Jesus und fand Lazarus schon vier Tage im Grabe liegen. Als Marta nun hörte, dass Jesus kommt, ging sie ihm entgegen. Da sprach Marta zu Jesus: Herr, wärst du hier gewesen, mein Bruder wäre nicht gestorben. Aber auch jetzt weiß ich: Was du bittest von Gott, das wird dir Gott geben. Jesus spricht zu ihr: Dein Bruder wird auferstehen. Marta spricht zu ihm: Ich weiß, dass er auferstehen wird bei der Auferstehung am Jüngsten Tage. Jesus spricht zu ihr: Ich bin die Auferstehung und das Leben. Wer an mich glaubt, der wird leben, ob er gleich stürbe; und wer da lebt und glaubt an mich, der wird nimmermehr sterben. Glaubst du das? Sie spricht zu ihm: Ja, Herr, ich glaube, dass du der Christus bist, der Sohn Gottes, der in die Welt gekommen ist.

Johannes 11,1.2b–3.17.20a.21–27

Jesus sprach zu seinen Jüngern: Ich will den Vater bitten, und er wird euch einen andern Tröster geben, dass er bei euch sei in Ewigkeit: den Geist der Wahrheit, den die Welt nicht empfangen kann, denn sie sieht ihn nicht und kennt ihn nicht. Ihr kennt ihn, denn er bleibt bei euch und wird in euch sein. Ich will euch nicht als Waisen zurücklassen; ich komme zu euch. Es ist noch eine kleine Zeit, dann sieht die Welt mich nicht mehr. Ihr aber seht mich, denn ich lebe, und ihr sollt auch leben.
Aber der Tröster, der Heilige Geist, den mein Vater senden wird in meinem Namen, der wird euch alles lehren und euch an alles erinnern, was ich euch gesagt habe.
Frieden lasse ich euch, meinen Frieden gebe ich euch. Nicht gebe ich euch, wie die Welt gibt. Euer Herz erschrecke nicht und fürchte sich nicht. *Johannes 14,16–19.26–27*

Jesus betete und sprach: Vater, ich will, dass, wo ich bin, auch die bei mir seien, die du mir gegeben hast, damit sie meine Herrlichkeit sehen, die du mir gegeben hast; denn du hast mich geliebt, ehe die Welt gegründet war. Gerechter Vater, die Welt kennt dich nicht; ich aber kenne dich, und diese haben erkannt, dass du mich gesandt hast. Und ich habe ihnen deinen Namen kundgetan und werde ihn kundtun, damit die Liebe, mit der du mich liebst, in ihnen sei und ich in ihnen. *Johannes 17,24–26*

Welche der Geist Gottes treibt, die sind Gottes Kinder. Denn ihr habt nicht einen Geist der Knechtschaft empfangen, dass ihr euch abermals fürchten müsstet; sondern ihr habt einen Geist der Kindschaft empfangen, durch den wir rufen: Abba, lieber Vater! Der Geist selbst gibt Zeugnis unserm Geist, dass wir Gottes Kinder sind. Sind wir aber Kinder, so sind wir auch Erben, nämlich Gottes Erben und Miterben Christi, da wir ja mit ihm leiden, damit wir auch mit zur Herrlichkeit erhoben werden. *Römer 8,14–17*

Ich bin überzeugt, dass dieser Zeit Leiden nicht ins Gewicht fallen gegenüber der Herrlichkeit, die an uns offenbart werden soll. Denn das ängstliche Harren der Kreatur wartet darauf, dass die Kinder Gottes offenbar werden. Die Schöpfung ist ja unterworfen der Vergänglichkeit – ohne ihren Willen, sondern durch den, der sie unterworfen hat –, doch auf Hoffnung; denn auch die Schöpfung wird frei werden von der Knechtschaft der Vergänglichkeit zu der herrlichen Freiheit der Kinder Gottes. Denn wir wissen, dass die ganze Schöpfung bis zu diesem Augenblick seufzt und in Wehen liegt. Nicht allein aber sie, sondern auch wir selbst, die wir den Geist als Erstlingsgabe haben, seufzen in uns selbst und sehnen uns nach der Kindschaft, der Erlösung unseres Leibes.
[Denn wir sind gerettet auf Hoffnung hin. Die Hoffnung aber, die man sieht, ist nicht Hoffnung; denn wie kann man auf das hoffen, was man sieht? Wenn wir aber auf das hoffen, was wir nicht sehen, so warten wir darauf in Geduld.]

Römer 8,18–23 (24–25)

Der Geist hilft unsrer Schwachheit auf. Denn wir wissen nicht, was wir beten sollen, wie sich's gebührt; sondern der Geist selbst tritt für uns ein mit unaussprechlichem Seufzen. Der aber die Herzen erforscht, der weiß, worauf der Sinn des Geistes gerichtet ist; denn er tritt für die Heiligen ein, wie Gott es will. Wir wissen aber, dass denen, die Gott lieben, alle Dinge zum Besten dienen. *Römer 8,26–28a*

Ist Gott für uns, wer kann wider uns sein? Der auch seinen eigenen Sohn nicht verschont hat, sondern hat ihn für uns alle dahingegeben – wie sollte er uns mit ihm nicht alles schenken? Wer will die Auserwählten Gottes beschuldigen? Gott ist hier, der gerecht macht. Wer will verdammen? Christus Jesus ist hier, der gestorben ist, ja mehr noch, der auch auferweckt ist, der zur Rechten Gottes ist und für uns eintritt. Wer will uns scheiden von der Liebe Gottes? [Trübsal oder Angst oder Verfolgung oder Hunger oder Blöße oder Gefahr oder Schwert? Aber in dem allen überwinden wir weit durch den, der uns geliebt hat. Denn] ich bin gewiss, dass weder Tod noch Leben, weder Engel noch Mächte noch Gewalten, weder Gegenwärtiges noch Zukünftiges, weder Hohes noch Tiefes noch irgendeine andere Kreatur uns scheiden kann von der Liebe Gottes, die in Christus Jesus ist, unserm Herrn. *Römer 8,31b–35a (35b–37) 38–39*

O welch eine Tiefe des Reichtums, beides, der Weisheit und der Erkenntnis Gottes! Wie unbegreiflich sind seine Gerichte und unerforschlich seine Wege! Denn wer hat des

Herrn Sinn erkannt, oder wer ist sein Ratgeber gewesen? Oder wer hat ihm etwas zuvor gegeben, dass Gott es ihm zurückgeben müsste? Denn von ihm und durch ihn und zu ihm sind alle Dinge. Ihm sei Ehre in Ewigkeit! Amen.

Römer 11,33–36

Die Liebe höret nimmer auf, wo doch das prophetische Reden aufhören wird und das Zungenreden aufhören wird und die Erkenntnis aufhören wird. Denn unser Wissen ist Stückwerk und unser prophetisches Reden ist Stückwerk. Wenn aber kommen wird das Vollkommene, so wird das Stückwerk aufhören.
Wir sehen jetzt durch einen Spiegel in einem dunklen Bild; dann aber von Angesicht zu Angesicht. Jetzt erkenne ich stückweise; dann aber werde ich erkennen, gleichwie ich erkannt bin. Nun aber bleiben Glaube, Hoffnung, Liebe, diese drei; aber die Liebe ist die größte unter ihnen.

1. Korinther 13,8–10.12–13

Wenn Christus gepredigt wird, dass er von den Toten auferweckt ist, wie sagen dann einige unter euch: Es gibt keine Auferstehung der Toten? Gibt es keine Auferstehung der Toten, so ist auch Christus nicht auferweckt worden. Ist aber Christus nicht auferweckt worden, so ist unsre Predigt vergeblich, so ist auch euer Glaube vergeblich. Wir würden dann auch als falsche Zeugen Gottes befunden, weil wir gegen Gott bezeugt hätten, er habe Christus auferweckt, den er nicht auferweckt hätte, wenn doch die Toten nicht auferstehen. Denn wenn die Toten nicht auferstehen, so ist Christus auch nicht auferstanden. Ist Christus aber nicht auferstanden, so ist euer Glaube nichtig, so seid ihr noch in euren Sünden; dann sind auch die, die in Christus entschlafen sind, verloren. Hoffen wir allein in diesem Leben auf Christus, so sind wir die elendesten unter allen Menschen. Nun aber ist Christus auferweckt von den Toten als Erstling unter denen, die entschlafen sind. *1. Korinther 15,12–20*

Da durch einen Menschen der Tod gekommen ist, so kommt auch durch einen Menschen die Auferstehung der Toten. Denn wie in Adam alle sterben, so werden in Christus alle lebendig gemacht werden. Ein jeder aber in der für ihn bestimmten Ordnung: als Erstling Christus; danach die Christus angehören, wenn er kommen wird; danach das Ende, wenn er das Reich Gott, dem Vater, übergeben wird, nachdem er vernichtet hat alle Herrschaft und alle Macht und Gewalt. Der letzte Feind, der vernichtet wird, ist der Tod.

1. Korinther 15,21–24.26

Es wird gesät verweslich und wird auferstehen unverweslich. Es wird gesät in Niedrigkeit und wird auferstehen in Herrlichkeit. Es wird gesät in Schwachheit und wird auferstehen in Kraft. Es wird gesät ein natürlicher Leib und wird auferstehen ein geistlicher Leib.

Tod, wo ist dein Sieg? Tod, wo ist dein Stachel? Der Stachel des Todes aber ist die Sünde, die Kraft aber der Sünde ist das Gesetz. Gott aber sei Dank, der uns den Sieg gibt durch unsern Herrn Jesus Christus! *1. Korinther 15,42b–44a.55–57*

Gelobt sei Gott, der Vater unseres Herrn Jesus Christus, der Vater der Barmherzigkeit und Gott allen Trostes, der uns tröstet in aller unserer Bedrängnis, damit wir auch trösten können, die in allerlei Bedrängnis sind, mit dem Trost, mit dem wir selber getröstet werden von Gott. Denn wie die Leiden Christi reichlich über uns kommen, so werden wir auch reichlich getröstet durch Christus. Werden wir aber bedrängt, so geschieht es euch zu Trost und Heil; werden wir getröstet, so geschieht es euch zum Trost, der sich wirksam erweist, wenn ihr mit Geduld dieselben Leiden ertragt, die auch wir leiden. Und unsre Hoffnung steht fest für euch, weil wir wissen: Wie ihr an den Leiden teilhabt, so habt ihr auch am Trost teil. *2. Korinther 1,3–7*

Gott, der da sprach: Licht soll aus der Finsternis hervorleuchten, der hat einen hellen Schein in unsre Herzen gegeben, dass die Erleuchtung entstünde zur Erkenntnis der Herrlichkeit Gottes in dem Angesicht Jesu Christi. Wir haben aber diesen Schatz in irdenen Gefäßen, auf dass die überschwängliche Kraft von Gott sei und nicht von uns. Wir sind von allen Seiten bedrängt, aber wir ängstigen uns nicht. Uns ist bange, aber wir verzagen nicht.

[Wir leiden Verfolgung, aber wir werden nicht verlassen. Wir werden unterdrückt, aber wir kommen nicht um. Wir tragen allezeit das Sterben Jesu an unserm Leibe, auf dass auch das Leben Jesu an unserem Leibe offenbar werde.] Denn wir, die wir leben, werden immerdar in den Tod gegeben um Jesu willen, auf dass auch das Leben Jesu offenbar werde an unserm sterblichen Fleisch. *2. Korinther 4,6–8 (9–10) 11*

Weil wir aber denselben Geist des Glaubens haben, darum reden wir auch; denn wir wissen, dass der, der den Herrn Jesus auferweckt hat, wird uns auch auferwecken mit Jesus und wird uns vor sich stellen samt euch. Darum werden wir nicht müde; sondern wenn auch unser äußerer Mensch verfällt, so wird doch der innere von Tag zu Tag erneuert. Denn unsre Bedrängnis, die zeitlich und leicht ist, schafft eine ewige und über alle Maßen gewichtige Herrlichkeit, uns, die wir nicht sehen auf das Sichtbare, sondern auf das Unsichtbare. Denn was sichtbar ist, das ist zeitlich; was aber unsichtbar ist, das ist ewig. *2. Korinther 4,*13.14.16–18*

Wir wissen: Wenn unser irdisches Haus, diese Hütte, abgebrochen wird, so haben wir einen Bau, von Gott erbaut, ein Haus, nicht mit Händen gemacht, das ewig ist im Himmel.
So sind wir denn allezeit getrost und wissen: Solange wir im Leibe wohnen, weilen wir fern von dem Herrn; denn wir wandeln im Glauben und nicht im Schauen. Wir sind aber getrost und begehren sehr, den Leib zu verlassen und daheim

zu sein bei dem Herrn. Darum setzen wir auch unsre Ehre darein, ob wir daheim sind oder in der Fremde, dass wir ihm wohlgefallen. Denn wir müssen alle offenbar werden vor dem Richterstuhl Christi, auf dass ein jeder empfange nach dem, was er getan hat im Leib, es sei gut oder böse.

2. Korinther 5,1.6-10

Ich beuge meine Knie vor dem Vater, von dem jedes Geschlecht im Himmel und auf Erden seinen Namen hat, dass er euch Kraft gebe nach dem Reichtum seiner Herrlichkeit, gestärkt zu werden durch seinen Geist an dem inwendigen Menschen, dass Christus durch den Glauben in euren Herzen wohne. Und ihr seid in der Liebe eingewurzelt und gegründet, damit ihr mit allen Heiligen begreifen könnt, welches die Breite und die Länge und die Höhe und die Tiefe ist, auch die Liebe Christi erkennen könnt, die alle Erkenntnis übertrifft, damit ihr erfüllt werdet, bis ihr die ganze Fülle Gottes erlangt habt. Dem aber, der überschwänglich tun kann über alles hinaus, was wir bitten oder verstehen, nach der Kraft, die in uns wirkt, dem sei Ehre in der Gemeinde und in Christus Jesus durch alle Geschlechter von Ewigkeit zu Ewigkeit! Amen. *Epheser 3,14-21*

Wir sind Bürger im Himmel; woher wir auch erwarten den Heiland, den Herrn Jesus Christus, der unsern geringen Leib verwandeln wird, dass er gleich werde seinem verherrlichten Leibe nach der Kraft, mit der er sich alle Dinge untertan machen kann. *Philipper 3,20-21*

Seid ihr nun mit Christus auferweckt, so sucht, was droben ist, wo Christus ist, sitzend zur Rechten Gottes. Trachtet nach dem, was droben ist, nicht nach dem, was auf Erden ist. Denn ihr seid gestorben, und euer Leben ist verborgen mit Christus in Gott. Wenn aber Christus, euer Leben, offenbar wird, dann werdet ihr auch offenbar werden mit ihm in Herrlichkeit. *Kolosser 3,1–4*

Gelobt sei Gott, der Vater unseres Herrn Jesus Christus, der uns nach seiner großen Barmherzigkeit wiedergeboren hat zu einer lebendigen Hoffnung durch die Auferstehung Jesu Christi von den Toten, zu einem unvergänglichen und unbefleckten und unverwelklichen Erbe, das aufbewahrt wird im Himmel für euch, die ihr aus Gottes Macht durch den Glauben bewahrt werdet zur Seligkeit, die bereitet ist, dass sie offenbar werde zu der letzten Zeit. Dann werdet ihr euch freuen, die ihr jetzt eine kleine Zeit, wenn es sein soll, traurig seid in mancherlei Anfechtungen, auf dass euer Glaube bewährt und viel kostbarer befunden werde als vergängliches Gold, das durchs Feuer geläutert wird, zu Lob, Preis und Ehre, wenn offenbart wird Jesus Christus. Ihn habt ihr nicht gesehen und habt ihn doch lieb; und nun glaubt ihr an ihn, obwohl ihr ihn nicht seht; ihr werdet euch aber freuen mit unaussprechlicher und herrlicher Freude, wenn ihr das Ziel eures Glaubens erlangt, nämlich der Seelen Seligkeit. *1. Petrus 1,3–9*

Demütigt euch unter die gewaltige Hand Gottes, damit er euch erhöhe zu seiner Zeit. Alle eure Sorge werft auf ihn; denn er sorgt für euch. Seid nüchtern und wacht; denn euer Widersacher, der Teufel, geht umher wie ein brüllender Löwe und sucht, wen er verschlinge. Dem widersteht, fest im Glauben, und wisst, dass ebendieselben Leiden über eure Brüder und Schwestern in der Welt kommen. Der Gott aller Gnade aber, der euch berufen hat zu seiner ewigen Herrlichkeit in Christus, der wird euch, die ihr eine kleine Zeit leidet, aufrichten, stärken, kräftigen, gründen. Ihm sei die Macht in alle Ewigkeit! Amen. *1. Petrus 5,6–11*

Weil wir denn einen großen Hohenpriester haben, Jesus, den Sohn Gottes, der die Himmel durchschritten hat, so lasst uns festhalten an dem Bekenntnis. Denn wir haben nicht einen Hohenpriester, der nicht könnte mit leiden mit unserer Schwachheit, sondern der versucht worden ist in allem wie wir, doch ohne Sünde. Darum lasst uns freimütig hinzutreten zu dem Thron der Gnade, auf dass wir Barmherzigkeit empfangen und Gnade finden und so Hilfe erfahren zur rechten Zeit. *Hebräer 4,14–16*

Werft euer Vertrauen nicht weg, welches eine große Belohnung hat. Geduld aber habt ihr nötig, auf dass ihr den Willen Gottes tut und das Verheißene empfangt. Denn „nur noch eine kleine Weile, so wird kommen, der da kommen soll, und wird nicht lange ausbleiben. Mein Gerechter aber wird aus Glauben leben. Wenn er aber zurückweicht, hat meine Seele kein Gefallen an ihm". *(Habakuk 2,3.4)* Wir aber sind nicht solche, die zurückweichen und verdammt werden, sondern solche, die glauben und die Seele erretten. Es ist aber der Glaube eine feste Zuversicht dessen, was man hofft, und ein Nichtzweifeln an dem, was man nicht sieht.

Hebräer 10,35–39; 11,1

Seid geduldig bis zum Kommen des Herrn. Siehe, der Bauer wartet auf die kostbare Frucht der Erde und ist dabei geduldig, bis sie empfange den Frühregen und Spätregen. Seid auch ihr geduldig und stärkt eure Herzen; denn das Kommen des Herrn ist nahe. Seufzt nicht widereinander, damit ihr nicht gerichtet werdet. Siehe, der Richter steht vor der Tür. Nehmt zum Vorbild des Leidens und der Geduld die Propheten, die geredet haben in dem Namen des Herrn. Siehe, wir preisen selig, die erduldet haben. Von der Geduld Hiobs habt ihr gehört und habt gesehen, zu welchem Ende es der Herr geführt hat; denn der Herr ist barmherzig und ein Erbarmer. *Jakobus 5,7–11*

Siehe, eine große Schar, die niemand zählen konnte, aus allen Nationen und Stämmen und Völkern und Sprachen; die standen vor dem Thron und vor dem Lamm, angetan mit weißen Kleidern und mit Palmzweigen in ihren Händen, und riefen mit großer Stimme:

Das Heil ist bei unserm Gott, der auf dem Thron sitzt, und bei dem Lamm! Und alle Engel standen rings um den Thron und um die Ältesten und um die vier Wesen und fielen nieder vor dem Thron auf ihr Angesicht und beteten Gott an und sprachen:
Amen, Lob und Ehre und Weisheit und Dank und Preis und Kraft und Stärke sei unserm Gott von Ewigkeit zu Ewigkeit! Amen.
[Und einer der Ältesten antwortete und sprach zu mir: Wer sind diese, die mit den weißen Kleidern angetan sind, und woher sind sie gekommen? Und ich sprach zu ihm: Mein Herr, du weißt es. Und er sprach zu mir: Diese sind's, die aus der großen Trübsal kommen und haben ihre Kleider gewaschen und haben sie hell gemacht im Blut des Lammes. Darum sind sie vor dem Thron Gottes und dienen ihm Tag und Nacht in seinem Tempel; und der auf dem Thron sitzt, wird über ihnen wohnen. Sie werden nicht mehr hungern noch dürsten; es wird auch nicht auf ihnen lasten die Sonne oder irgendeine Hitze; denn das Lamm mitten auf dem Thron wird sie weiden und leiten zu den Quellen des lebendigen Wassers, und Gott wird abwischen alle Tränen von ihren Augen.] *Offenbarung 7,9–12 (13–17)*

Präfationen

1

Wahrhaft würdig ist es und recht, /
dass wir dir, Herr, heiliger Vater, allmächtiger ewiger Gott, /
zu allen Zeiten und an allen Orten danksagen /
durch Christus, unsern Herren.
In ihm erscheint für uns die Hoffnung der Auferstehung, /
damit wir, die bedrückt sind vom unausweichlichen Los des Todes, /
neuen Mut fassen durch die Verheißung des ewigen Lebens.
Und wenn das zeitliche Leben vergeht, /
ist uns bei dir eine ewige Wohnung bereitet.
Darum loben die Engel deine Herrlichkeit, /
dich preist die sichtbare und die unsichtbare Welt mit unaussprechlichem Jubel. /
Mit allen Heiligen und Vollendeten /
lass auch unsere Stimmen vereint zu deiner Ehre bekennen:
Sanctus

2

In Wahrheit ist es würdig und recht, /
dir, Herr, heiliger Vater, immer und überall zu danken /
durch Jesus Christus, unsern Herren.
In ihm erstrahlt uns die lebendige Hoffnung, /

dass wir die Freude der Auferstehung erfahren. /
Und wenn die Herberge dieses zeitlichen Lebens vergeht, /
ist uns bei dir eine ewige Wohnung bereitet.
Darum loben die Engel deine Herrlichkeit, /
dich preist die sichtbare und die unsichtbare Welt mit unaussprechlichem Jubel. /
Mit allen Vollendeten stimmen auch wir unser Loblied an /
und bekennen ohne Ende:
Sanctus

3

Wahrhaft würdig ist es und recht, /
dass wir dir, Herr, heiliger Vater, allmächtiger, ewiger Gott, /
zu allen Zeiten und an allen Orten danksagen /
durch Christus, unsern Herren.
Durch ihn erfüllst du deine Geschöpfe mit Segen /
und erfüllst sie alle mit dem Glanz deines Lichtes. /
Durch ihn kommt das Heil der Welt, /
durch ihn erscheint den Menschen das Leben /
und die Auferstehung der Toten.
Durch ihn preisen die Engel deine Herrlichkeit /
und rühmt und lobt dich die ganze Schöpfung, /
alle himmlischen Heere singen dir mit einhelligem Jubel.
Mit ihnen lass auch unsere Stimmen sich vereinen /
und dir voll Freude lobsingen:
Sanctus

4

Wahrhaft würdig ist es und recht, /
dass wir dich, Herr, heiliger Vater, lebendiger Gott, /
zu allen Zeiten und an allen Orten loben und dir danken, /
durch unsern Herrn Jesus Christus.
In ihm erstrahlt uns die Hoffnung des ewigen Lebens, /
denn er ist auferstanden vom Tode; /
und wenn unser irdisches Wesen zerfällt, /
so ist uns durch ihn eine ewige Wohnung bereitet.
Darum loben die Engel deine Herrlichkeit, /
beten dich an die Mächte
und fürchten dich alle Gewalten; /
dich preisen die Chöre des Himmels mit einhelligem Jubel.
Mit ihnen vereinen auch wir unsere Stimmen und bekennen ohne Ende:
Sanctus

5

Wir danken dir, Vater im Himmel, allmächtiger, ewiger Gott, /
und rühmen dich durch unseren Herrn Jesus Christus.
Durch sein Leiden und Sterben am Kreuz
und durch sein Auferstehen von den Toten /
hast du das Heil der Menschen vollendet /
und auch unser Leben dem Tode entrissen.
Darum preisen wir dich mit allen Engeln und Heiligen /
und stimmen ein in ihren Lobgesang:
Sanctus

Dankgebete

1

Wir danken dir, barmherziger Gott,
für dieses heilbringende Mahl
und bitten dich:
Erhalte uns in der Gemeinschaft mit deinem Sohn,
der das Leben und ein unvergängliches Wesen ans Licht gebracht hat.
Dir sei Ehre in Ewigkeit.

2

Wir danken dir, ewiger Gott,
dass du uns durch die heilbringenden Gaben dieses Mahles gestärkt hast,
und bitten dich:
Hilf, dass wir in Leid und Trauer nicht verzagen,
sondern im Glauben gestärkt werden zu einer lebendigen Hoffnung.
Durch unsern Herrn Jesus Christus, deinen Sohn,
der mit dir und dem Heiligen Geist lebt in Ewigkeit.

3

Ewiger Gott, Herr über Tod und Leben.
Dein Sohn hat dem Tod die Macht genommen
und uns das Brot des Lebens und den Kelch des Heils gegeben:
Lass uns mit allen Gläubigen an deinem Tag auferstehen zur ewigen Freude.
Durch unsern Herrn Jesus Christus, deinen Sohn,
der mit dir und dem Heiligen Geist lebt und regiert von Ewigkeit zu Ewigkeit.

4

Himmlischer Vater, wir danken dir für das Mahl deiner Liebe und bitten dich:
Lass [dein Licht scheinen in alles Dunkel und] den Tag anbrechen,
an dem du die Tränen abwischen wirst und deine Verheißung vollendest.
Durch unsern Herrn Jesus Christus, deinen Sohn,
der mit dir und dem Heiligen Geist lebt und regiert in Ewigkeit.

Predigtlektionen

1

Liebe Gemeinde!
In einer Predigt Dr. Martin Luthers heißt es über Tod und Begräbnis:

Am Grabe *unserer entschlafenen Schwester/unseres entschlafenen Bruders* sollen wir Gott danken für alle Gnade und Wohltat, die er im Leben *ihr/ihm* getan hat. Aber wir sollen auch mit allem Ernst bedenken, dass wir selbst vom Tode bedroht sind und vielleicht bald dahin müssen. Denn der Tod bricht herein wie ein gewappneter Mann, und es kann ihm niemand widerstehen, wie hoch, stark und mächtig er sei.

Deshalb sollen wir auch nicht unserer selbst sicher sein, sondern an Gottes Urteil und Gericht denken und uns auf den Tod recht schicken und bereiten, dass wir nicht unversehens davon überfallen werden. Wenn wir uns das vor Augen halten, werden wir uns nicht um die bekümmern, die ihre Not ausgestanden haben, sondern um uns selbst, dass wir unsern Lauf im Glauben vollenden und selig werden.

Die Sicherheit und der Leichtsinn der Menschen sind groß; sie gehen mit zum Begräbnis und sehen, dass dieser heute, jener morgen dahinfährt und dass der Tod noch keinen verschont hat. Dennoch gehen sie hin und nehmen sich's nicht zu Herzen, sondern bleiben, wie sie waren, gehen ihren alten Gang und denken nicht daran, dass sie sich einmal vor Gott verantworten müssen.

So soll es bei euch nicht sein, die ihr heute an diesem Grab stehet, sondern denket beizeiten daran, dass ihr davon müsst, und sorgt für das Heil eurer Seele. Und wenn euch der Tod Furcht und Schrecken macht, so sehet auf Christus, der nichts als Leben, Trost und Seligkeit ist. Je fester ihr sein Bild euch vorhaltet, desto gewisser zerfällt und verschwindet des Todes Bild, so dass ihr sagen und rühmen könnt: Nimmt mich der Tod hinweg, so hilft er mir zum Leben. Das ist des Christen Sieg und Triumph wider Tod und Grab, dass er gewiss sein darf, dass beide durch Christus überwunden sind.

Solcher Gewissheit sollt ihr euch freuen und euch dadurch trösten mit Dank gegen Gott, den Herrn. Denn *die/der* euch zu eurem Schmerze entrissen worden ist, *sie/er* ruhet nun still im Frieden; und keine Qual, kein Unglück und kein Ungemach des zeitlichen Lebens rührt *sie/ihn* mehr an. Euch aber, die ihr noch im Kampf und Streit seid und manches Harte und Schwere werdet zu tragen und zu überwinden haben, stärke der allmächtige und barmherzige Gott, dass ihr fest bleibet im Glauben und darin beharret bis ans Ende.

2

(1) Von der Tatsache des Todes
(2) Gott und unsere Lebenszeit
(3) Der Tod löst Trauer aus – Unsere Christenpflicht, Leidtragende zu begleiten
(4) Der Grund des Trostes: Hoffnung, die aus der Auferstehung kommt
(5) Der Blick in die Ewigkeit
(6) Der Tod und unser eigenes Leben jetzt – Gericht und Gnade

Liebe Gemeinde.

(1) In dieser Stunde müssen wir Abschied nehmen von *unserer [lieben] entschlafenen Schwester/unserem [lieben] entschlafenen Bruder* ____NAME____. *Ihr/Sein* Sterben macht uns die Wahrheit bewusst, die der Liederdichter in die Worte fasst: „Mitten wir im Leben sind mit dem Tod umfangen." Leben und Tod – sie gehören zusammen. Sie umschließen ein bestimmtes Maß an Zeit. Das ist nur selten so unmittelbar bedrängend wie an den Nahtstellen unseres Lebens: in der Stunde der Geburt und im Augenblick des Todes. Im Ackermann aus Böhmen, jenem Streitgespräch mit dem Tod um's Jahr 1400, steht der Satz: „Sobald ein Mensch zum Leben kommt, sogleich ist er alt genug zu sterben."

(2) Die Strecke, die zwischen dem Geborenwerden und dem Sterbenmüssen liegt, ist – wie wir sagen – unsere „Lebenszeit". Sie ist von Gott geschenkte, von ihm uns zugedachte und von ihm bemessene Zeit. Sie ist Zeit, in der wir arbeiten und feiern, lieben und leiden, uns freuen und sorgen – aber auch Zeit, in der wir geliebt und umsorgt, getragen und gehalten werden. Weil uns der Beter des Psalms sagt, dass unsere Zeit in Gottes Händen steht (Psalm 31,16), dürfen wir dankbar sein für jeden Tag, den er uns erleben lässt. Sie ist seine Zeit für uns. Und auch von diesem Tag und dieser Stunde gilt, dass sie in seinen Händen stehen.

(3) Gleichwohl ist das Abschiednehmen zumeist verbunden mit bedrückendem Leid und tiefem Schmerz, mit Trauer, die uns überfällt und die uns wehtut.
„Siehe, um Trost war mir sehr bange", lesen wir beim Propheten Jesaja (Jesaja 38,17).
Das ist eine heftige Klage, die sich uns bei der Begegnung mit dem Tod aufdrängt. Niemand soll mit ihr allein bleiben. Darum ist es unsere Aufgabe als Christen, leidtragenden Menschen mit unserem Gebet und unserer Begleitung, mit unserem Beistand und unserem Rat zur Seite zu stehen. Es ist Gottes eigener Wille, dass Menschen getröstet werden. Er lässt auch uns sagen: „Ich *will* euch trösten, wie einen seine Mutter tröstet." (Jesaja 66,13)

(4) Wir haben einen guten und sicheren Grund, vom Trost zu reden und ihn anderen Menschen zuzusprechen. Es ist die

Botschaft, dass Jesus Christus selbst von Gott aus dem Tod zu neuem Leben erweckt worden ist. Eine Witwe schrieb nach dem Tod ihres Mannes – so getröstet – an ihren Pfarrer: „Er hatte sich auf beides eingestellt und vorbereitet, auf das Heimkommen und auf das Heimgehen – und das war gut so. Mein Halt und Trost ist es, dass ich weiß, mein lieber Mann ist beim Herrn, und derselbe Herr ist bei mir."
Liebe Gemeinde, in diesen Zeilen leuchtet jene ganz zuversichtliche und gewisse Hoffnung auf, die aus dem Glauben an den auferstandenen Herrn Jesus Christus genährt wird.

(5) Da bleibt wohl der irdische Schmerz über den Tod, der verbunden ist mit Abschiednehmen, Trennung, Vermissen und Einsamkeit. Und da ist zugleich das andere: Da gehen schon hinter dem Kreuz die Strahlen jener Sonne auf, die vom Morgenglanz der Ewigkeit kündet, einer Ewigkeit, die nicht mehr dem Tod, sondern allein Gott gehört. Darum kann der Apostel Paulus sagen: „Seid fröhlich in Hoffnung, geduldig in Trübsal, beharrlich im Gebet." (Römer 12,12)
Es gibt diese Hoffnung über Tod und Grab hinaus und die Umkehrung der eingangs zitierten Liedzeile, die dann heißt: „Mitten wir im Tode sind mit dem Leben umfangen."

(6) Wer sein Leben jetzt schon – in dieser Welt – so auf die Ewigkeit Gottes hin zu leben versucht, muss auch sein eigenes Sterben nicht verdrängen. Er wird vielmehr den Tod gleichsam in seinen Alltag mit hineinnehmen und sich die Bitte des Psalms als ständiges Gebet zu eigen machen: „Herr,

lehre uns bedenken, dass wir sterben müssen, auf dass wir klug werden." (Psalm 90,12) Wer so betet, weiß wie der Apostel um den Ursprung des Todes: „Der Sünde Sold *(Lohn)* ist der Tod." Es ist die eine tiefe Wahrheit unseres Lebens, dass wir dem Gericht Gottes unterworfen sind. Und es ist die übergreifende Wahrheit des Evangeliums, dass das Gerichtswort nicht das letzte Wort Gottes ist. Das letzte Wort Gottes ist das Wort der Gnade, und an ihm dürfen wir uns festhalten: „Die Gabe aber ist das ewige Leben in Christus Jesus, unserem Herrn." Dahin richten wir unsere Hoffnung.

Johannes Hanselmann

Abschied

Wir wollen Abschied nehmen von ______NAME______ und bedenken, was uns mit *ihr/ihm* verbindet.

1

Wer *sie/ihn* liebgehabt und geachtet hat, der trage diese Liebe und Achtung weiter.
Wen *sie/ihn* liebgehabt hat, der danke *ihr/ihm* alle Liebe.
Wer *ihr/ihm* etwas schuldig geblieben ist an solcher Liebe in Worten und Taten, der bitte Gott um Vergebung.
Und wem *sie/er* wehgetan haben sollte, verzeihe *ihr/ihm,* wie Gott uns vergibt, wenn wir ihn darum bitten.

So nehmen wir Abschied mit Dank für alles Gewesene und im Frieden.
Lasst uns das in der Stille tun.
Stille

2

Wer *sie/ihn* liebgehabt hat, der möge diese Liebe hinaustragen über Sarg und Grab.
Wen *sie/ihn* liebgehabt hat, der möge *ihr/ihm* danken und viel mehr Gott!
Denn Menschen, die uns liebhaben, sind Werkzeuge Gottes.
Wer *ihr/ihm* Liebe schuldig geblieben ist,
der möge hier um Gottes Barmherzigkeit bitten.
Wem *sie/er* wehgetan hat, der möge vergeben,
wie wir alle nur von der Vergebung Gottes leben können.
Wir nehmen Abschied:
Gott gebe *ihr/ihm* die ewige Ruhe;
das ewige Licht leuchte *ihr/ihm,*
Herr, lass *sie/ihn* ruhen im Frieden.
Amen.

Valetsegen

1

Jesus Christus, der Herr, sei bei dir,
dich zu beschützen.
Er gehe vor dir her,
dich sicher zu geleiten.
Er stehe hinter dir,
dich zu schirmen.
Er schaue dich gnädig an,
bewahre dich und segne dich.

2

Unser Herr Jesus Christus
sei bei dir, dass er dich beschütze;
in dir, dass er dich erquicke,
vor dir, dass er dich leite und führe zur ewigen Heimat;
um dich, dass er dich erhalte;
über dir, dass er dich segne mit ewigem Segen.

3

Es segne dich Gott, der Vater,
der dich nach seinem Bild geschaffen hat.
Es segne dich Gott, der Sohn,
der dich durch sein Leiden und Sterben erlöst hat.
Es segne dich Gott, der Heilige Geist,
der dich zum Leben gerufen und geheiligt hat.
Gott, der Vater und der Sohn und der Heilige Geist,
geleite dich durch das Dunkel des Todes.
Er sei dir gnädig im Gericht
und gebe dir Frieden und ewiges Leben.

EG 949

DIE URNENBEISETZUNG

1. Christen glauben, dass sie nichts von ihrem Herrn Jesus Christus trennen kann, auch nicht der Tod. Sie wissen zugleich, dass der Tod die tiefste Anfechtung ihres Glaubens ist. Deshalb brauchen Menschen, die von einem Todesfall in ihrer Mitte betroffen sind, den Beistand der Gemeinde.
2. In der Regel hält der Pfarrer oder die Pfarrerin den Gottesdienst zur Bestattung. Die Urnenbeisetzung kann auch von einem Mitglied des Kirchenvorstandes, einem anderen Gemeindeglied oder von Angehörigen übernommen werden.
3. An manchen Orten wird die Urne zunächst in der Feierhalle aufgestellt. Wird sie dort abgeholt, soll sich ein gemeinsamer Gang zum Urnengrab anschließen.

In diesem Fall ist es sinnvoll, wenn in der Feierhalle zunächst der FRIEDENSGRUSS, ein BIBELWORT (z.B. der Text zur Bestattungspredigt) und ein PSALMGEBET vorgesehen werden.
Eine Einleitung sollte nach Möglichkeit frei formuliert werden und an den Gottesdienst bei der Einäscherung erinnern. Die Versammelten gehen danach – ggf. mit einem Kreuzträger – zum Urnengrab.

Friedensgruss

Der Friede des Herrn sei mit euch [allen].
Gemeinde: Und mit deinem Geist. oder: Amen.

Biblisches Votum

Unsere Hilfe steht im Namen des Herrn, der Himmel und Erde gemacht hat.

Gebet

Wir beten [mit den Worten des 23. Psalms]:
Der HERR ist mein Hirte,
mir wird nichts mangeln.
Er weidet mich auf einer grünen Aue
und führet mich zum frischen Wasser.
Er erquicket meine Seele.
Er führet mich auf rechter Straße um seines Namens willen.
Und ob ich schon wanderte im finstern Tal,
fürchte ich kein Unglück;
denn du bist bei mir,
dein Stecken und Stab trösten mich.
Du bereitest vor mir einen Tisch
im Angesicht meiner Feinde.
Du salbest mein Haupt mit Öl
und schenkest mir voll ein.
Gutes und Barmherzigkeit werden mir folgen
mein Leben lang,
und ich werde bleiben im Hause des HERRN immerdar.

Psalm 23 (EG 711)

Der Psalm wird durch den Lobpreis oder mit einem Bittruf abgeschlossen:

Ehre sei dem Vater und dem Sohn und dem Heiligen Geist, wie im Anfang, so auch jetzt und alle Zeit und in Ewigkeit.
Gemeinde: Amen.

Ehre sei dem Vater und dem Sohn und dem Heiligen Geist, wie es war im Anfang, jetzt und immerdar und von Ewigkeit zu Ewigkeit.
Gemeinde: Amen.

oder:
Herr, erbarme dich.
Gemeinde: Christus, erbarme dich. Herr, erbarme dich.

Geleitwort

Lasst uns nun zum Acker Gottes gehen, und die Urne [*unserer Schwester/unseres Bruders*] zur Ruhestätte bringen.

Bestattung

Vor Gott denken wir an [*unsere Schwester/unseren Bruder* in Christus] ______NAME______ und legen *ihre/seine* Asche in Gottes Acker.

unter dreimaligem Erdwurf:

Erde zu Erde,
Asche zu Asche,
Staub zum Staube.

Wenn nur eine kleine Gruppe um die Urnenstätte versammelt ist, können alle den Erdwurf vornehmen, bevor die Bestattung mit den folgenden Worten beschlossen wird:

Wir befehlen *unsere Schwester/unseren Bruder* der Liebe Gottes.

Lesung

Jesus Christus spricht: Ich bin die Auferstehung und das Leben. Wer an mich glaubt, der wird leben, ob er gleich stürbe; und wer da lebt und glaubt an mich, der wird nimmermehr sterben. *Johannes 11,25–26a*

oder:

Also* hat Gott die Welt geliebt, dass er seinen eingeborenen Sohn gab, auf dass alle, die an ihn glauben, nicht verloren werden, sondern das ewige Leben haben.
Johannes 3,16

---

* Andere Übersetzung:
So sehr ...

An dieser Stelle kann, wenn es nicht zuvor bereits geschehen ist, an den Text der Bestattungspredigt erinnert werden.

Stille für das Gedenken und Beten

Vaterunser

Lasst uns [das Vaterunser] beten.
Vater unser im Himmel.
Geheiligt werde dein Name.
Dein Reich komme.
Dein Wille geschehe, wie im Himmel, so auf Erden.
Unser tägliches Brot gib uns heute.
Und vergib uns unsere Schuld,
wie auch wir vergeben unsern Schuldigern.
Und führe uns nicht in Versuchung,
sondern erlöse uns von dem Bösen.
Denn dein ist das Reich und die Kraft
und die Herrlichkeit in Ewigkeit. Amen.

Segen

Es segne und behüte *euch/uns* der allmächtige und barmherzige Gott, ✚ der Vater, der Sohn und der Heilige Geist.
Gemeinde: Amen.